[美] 盖伊·格朗兰德　玛琳·詹姆斯 / 著　刘昊 / 译

Early Learning Standards and Staff Development

早期学习标准和教师专业发展

配培训素材DVD

北京师范大学出版集团
BEIJING NORMAL UNIVERSITY PUBLISHING GROUP
北京师范大学出版社

北京市版权局著作权合同登记图字 01-2012-5432 号

图书在版编目（CIP）数据

早期学习标准和教师专业发展/（美）盖伊·格朗兰德，玛琳·詹姆斯著；刘昊译. 一北京：北京师范大学出版社，2014.1
（2018.11 重印）
（西方儿童学习与发展指南丛书）
ISBN 978-7-303-16767-8

Ⅰ.①早… Ⅱ.①盖… ②玛… ③刘… Ⅲ.①早期教育一教学研究 Ⅳ.①G61

中国版本图书馆 CIP 数据核字（2013）第 172725 号

营 销 中 心 电 话 010-58802181　58805532
北师大出版社高等教育分社网 http://gaojiao.bnup.com
电 子 信 箱 gaojiao@bnupg.com

ZAOQI XUEXI BIAOZHUN HE JIAOSHI ZHUANYE FAZHAN
出版发行：北京师范大学出版社　www.bnup.com
　　　　　北京新街口外大街 19 号
　　　　　邮政编码：100875
印　　刷：北京东方圣雅印刷有限公司
经　　销：全国新华书店
开　　本：170 mm×240 mm
印　　张：11.5
字　　数：240 千字
版　　次：2014 年 1 月第 1 版
印　　次：2018 年 11 月第 3 次印刷
定　　价：30.00 元（配培训素材 DVD）

策划编辑：罗佩珍　　　　　责任编辑：罗佩珍
美术编辑：纪　潇　　　　　装帧设计：国美嘉誉
责任校对：李　菡　　　　　责任印制：陈　涛

译者序

　　自 21 世纪初开始，美国兴起了"早期学习标准化"运动。概括地讲，就是对幼儿的学习成果提出全方位的要求，并将这些要求制定为一系列"标准"，用以规范和引导学前教育实践。《早期学习标准和教师专业发展》一书所出版的 2008 年，正是"早期学习标准化"运动方兴未艾之时。一些州正紧锣密鼓地抓紧制定早期学习标准，有些州的标准则已在推广和使用之中。早期学习标准化运动有其必然性。随着教育学、心理学尤其是脑科学研究的深入，幼儿时期对人的一生的重要奠基作用逐渐为人们所认识，各国对学前教育的重视也由此进入了一个新的高度。学前教育不再仅仅是看护孩子、为家长提供便利的福利事业，而成为一项事关未来民族素质、潜在国家实力的社会公共事业。于是，在宏观层面上，各国纷纷对学前教育体制、政策加以变革，以便将其更深入地整合到国民教育体系之中；在微观层面上，各国对学前教育的"产出结果"——幼儿学习和发展水平给予了前所未有的关注。这一宏观、一微观两个动向，构成了近二十年来世界学前教育发展的"大势"。美国的早期学习标准对幼儿学习与发展成果提出系统的要求，且十分强调其与小学甚至更高阶段学习之间的衔接，恰恰是上述"大势"的极好折射。各州制定早期学习标准后，将其广泛运用在了教师专业标准制定、教师培训、课程标准设置、幼儿评价、幼教项目评估等工作中。出版本书的主要目的，就是为在教师培训中贯彻早期学习标准提供指导。

　　2012 年 10 月，我国的《3～6 岁儿童学习与发展指南》（以下简称《指南》）正式颁布，从性质和内容上看，该文件基本类同于美国的早期学习标准，二者颁布的宗旨和意义也是一致的。概言之，对幼儿的学习成果提出要求，反映了政府保障和提升学前教育质量的诉求。因为只有确保质量的学前教育，才可能起到为民族素质奠基的作用，才是有价值的学前教育。制定"标准"和"指南"，就是要通过把关学前教育的"结果性质量"，并由此来引导、调控"结构性质量"和"过程性质量"。这就是其颁布的根本宗旨和意义。

但是，中美两国的国情、早期学习标准及《指南》在内容、实施方式上也存在重大的差异。我们在实施《指南》的过程当中借鉴美国做法时，对此不可不察。

首先，美国的早期学习标准都是以州为单位制定的，而我国的《指南》则是全国独此一份。众所周知，我国学前教育发展中存在巨大的地域差异、城乡差异。对社会、经济发展水平不同，文化传统迥异的各地幼儿提出同样的要求是不科学的。因此，我国的《指南》更多地是方向性的倡导，而非衡量幼儿发展水平的"标杆"，它不可能像美国的早期学习标准那样，成为幼儿评价的参考标准。因此，教师在实施幼儿评价时，需要更多地结合本地实际，在参考《指南》的同时综合多种评价工具来进行。同样，教师在设计教育活动、制订教育目标时，也不能以《指南》为唯一依据，而是要放宽视野，借鉴和吸收更多的优秀课程。

其次，美国的学前教育素以个体价值取向为重，重教育过程不重教育结果，因此在早期学习标准化运动中，他们所面临的巨大挑战之一，就是如何让教师将学习标准落实到幼儿自发、自由的游戏活动中，让幼儿不仅"玩有所乐"，更要"玩有所得"。简言之，就是要在不牺牲游戏等适宜教育方式的同时，增加学习的成分，即做"加法"。在本书中，我们可以看到作者对这一挑战的担忧和思考。而我国的传统与此恰恰相反，我们一直以来就十分注重幼儿所能"学到"的东西，甚至为此付出了违背幼教规律的代价。颁布《指南》的一个重要目的，就是要让教师和家长科学地认识幼儿的发展规律，对幼儿的学习和发展建立合理的期望，克服"小学化"等不良倾向。换言之，是要做"减法"，为幼儿减负。在阅读本书的过程中，我们必须留意这一重要差异。

最后，在美国的幼儿园中，个体自发的活动是主要的形式，集体活动时间较少，也远不如我国的集体教学活动那样正式。本书中大多数内容也都是针对这种活动形式的，对我国教师开展区域游戏活动指导具有很好的借鉴意义。不过，有心的读者不妨做一些扩展性的思考，参考本书所推荐的一些做法，结合《指南》来进行集体教学活动的设计和反思，想必会有更多的收获。

　　本书的编辑罗佩珍老师在翻译过程中提供了大量的帮助，张冬霞同学参与了本书附录部分的翻译工作，在此表示感谢！受时间和水平所限，本书的翻译有很多不尽如人意之处，恳请读者提出批评、意见和建议！

刘昊

2013 年 9 月

前　言

应对当今学前教育的变革

随着人类迈入 21 世纪，学前教育领域经历了一些重大的变革。这些变革对托儿所、幼儿园、学前班中的幼儿产生了广泛的影响，参与到这些机构教育中的管理者、专业发展领域的专家、培训者和指导者们也陷入了困难的境地。他们如何才能有效地帮助教师接受这些变革，同时又不放弃自己既有的最佳教育方式呢？这些最佳教育方式包括以游戏为基础的课程以及真实性评价方法（authentic assessment）。在本书中，我们将对这些问题加以探讨，并为学前教育管理者们提供一些想法和建议，帮助他们应对学前教育的变革，为教师的专业发展提供持续不断的支持。

在做大学教师和咨询顾问的工作中，我们深刻地感觉到自己负有帮助一线教师的责任。我们也认识到变革可以成为一件好事。我们必须成长和学习，只有不断地发展，才能保持学前教育事业的生命力和影响力。同时，我们必须坚持自己的核心信念，并将其融入新的变革过程之中。我们相信当今学前教育领域的变革有很多积极的方面，同时我们也有多重担忧。在和幼教机构的管理者、专家、教师、看护者们共事的过程中，我们也从他们那里听到了这样的担忧。我们意识到，变革可能会带来困难，克服困难必然需要花费大量的时间。本书为与我们怀有同样责任与忧虑的教师、专家和机构的管理者而写，希望为致力于学前教育事业的同行者指引学前教育事业发展的新方向，帮助大家接受变革中好的方面，反对和抵制那些不好的方面。

一、当今学前教育的变革

在这个变革的时代，学前教育事业发生了哪些主要的变化呢？我们可以从以下六个方面看到当今学前教育的变化和改革产生的影响：

1. 普通大众正在认识到学前教育的益处。
2. 美国大多数州设立了早期学习标准。
3. 全美幼教协会（NAEYC）修订了其幼儿教育机构认证标准。
4. 对于学前教育领域的课程，尚未作出明确的界定，导致一些不适宜、不适用的课程经常被推荐和采用。
5. 考责（accountability）的呼声，使得人们开始争论什么才是评价幼儿的最好方法。
6. 一些幼教工作者不接受变化，不清楚上述变化会将学前教育带向何方。

接下来，我们将详细阐述这些变化。

（一）对学前教育益处的认识

首先，普通大众、政治家、政策制定者们认识到了学前教育的重要性。这是个好消息！很多州制定了支持学前教育项目的计划，或是开始资助全日制学前班。佩里学前教育研究计划（Perry Preschool Project）（Schwieinhart et al.，2005）和加利福尼亚初步计划（Carolina Abecedarian Project）（Campbell et al.，2001）等这些长期的追踪研究，在主流报纸和杂志上得到了宣传。这些研究发现学前教育具有长期的积极作用，在它们的助力下，形成了更加重视学前教育的政治气氛。

（二）大多数州正在研发早期学习标准

为了能更好地发挥学前教育的价值，美国大多数州开始致力于早期学习标准的研发。在此举动的影响下，从学前班到十二年级的学习标准都受到了重视。在不同的州，早期学习标准的使用方式及其对学前教育实践的影响各不相同。它们可能成为一种工具，为学前教育机构质量标准的制定提供帮助。另外，专家们在相关的会议或工作坊中也表达了许多担心和忧虑，他们主要关注如何避免早期学习标准被误用，以及如何更清楚地表达对幼儿发展水平的期望。2006 年 6 月在圣安东尼奥举行的全美幼教协会专业发展会议（NAEYC Professional Development Conference）上，我们听到了这样一些问题：

1. 我们所提倡的以游戏和探索活动为主的方式会不会靠边站？这种教育方式会不会被仅针对早期学习标准中的技能的直接教学所取代？
2. 在学前教育中至为宝贵的个别化教育理念会不会被千人一面的教学方式所取代？
3. 真实性评价会不会被不适宜的测验或与早期学习标准直接挂钩的评估所取代？

（三）全美幼教协会对认证标准进行了修订

全美幼教协会最近修订了其幼教机构认证标准，新增了一些关于课程与评价的内容。幼教机构要得到认证，需"具有文字性的教育理念说明，并使用一套或多套成文的课程或课程框架，课程要符合幼儿教育理念，并包含儿童发展的核心领域"（NAEYC，2006）。关于儿童评价的认证标准认可了真实性评价的方式，但要求幼教机构能够说明其评价过程。很多学前教育工作者欢迎认证标准所反映出的实质内涵，这样，被认证的机构就能够真正体现出最佳的学前教育方法。然而，很多人也在对其中有关课程和评价的内容提出疑问。教育者必须购买公开出版的课程吗？如果他们使用的评估方式是自行开发的，这符合认证标准吗？这些声音代表着学前教育领域同行们的担心和忧虑。

（四）缺乏对课程的清晰界定

早期学习标准和认证标准的制定，让很多学前教育工作者感到当前正在推进某种标准化的课程。他们不知道让儿童探究积木、摆弄艺术材料、玩假装游戏、操作物品（包括水和沙子）还是不是正确的方式。他们担心为了符合标准，就要去进行更多的教师主导的集体活动，关注于识字和数学技能，而教师作为引导者和促进者，让儿童在游戏、自主活动中发展这些技能的教学方式会相应地减少。

从根本上看，我们认为问题的关键在于对什么是好的幼儿园课程缺乏一个明确的界定。学前教育当前处于政策制定者和社会大众的外部压力之下。这二者都要求学前教育关注幼儿的学习及其标准。在这样的氛围中，很多学前教育工作者想努力对幼儿园课程作出界定，类似于"他们就是在玩"这样的批评仍然困扰着教育者们。家长们会问他们的孩子是否能学到足够的学术性知识，以做好进入学前班和一年级的准备。政策制定者要求学前教育课程中明确地体现本州的早期学习标准。提供资助的机构希望幼教机构采用正式的课程，觉得那样才能表示他们的钱发挥了作用。长期以来，学前教育工作者们所遵行的理念是"发展适宜性实践"（Developmentally Appropriate Practice），现在学前教育者在需要将这一理念转化为一套课程框架的过程中产生了困惑。出版商们开始步入学前教育这一空白区，成套地提供可能体现了新标准和要求的课程。但不幸的是，这些成套的课程缺乏灵活性，无法满足特定的教育机构的不同需求，也照顾不到幼儿的个体差异，而这两点在学前教育中历来都是非常重要的。许多学前教育机构管理者们应对这些挑战的方法，不是去解释和说明自己采用的日常游戏互动式课程，而是屈从于压力，购买了并不适当的课程，只是为了能对资助者和政策制定者说："这就是我们的课程。"

（五）关于幼儿评价的疑虑

不断增加的考责制度使得人们对于幼儿评价给予了更多关注。从学前班到十二年级教育的变革非常有影响力，导致测验变得越来越流行。这让很多学前教育领域之外的人认为测试对于幼儿来说也是可行的。对此，学前教育界发布"立场声明"（position papers）并推荐真实性评价，如教师观察、建立儿童档案、利用检核表记录等方式（NAEYC and NAECS/SDE，2003）。但是在相关的讨论中，对于评价信度和效度的要求占据了上风，在收集大规模数据和报告的要求驱使之下，学前教育界所提倡的观察、档案等评价方式被一些人批评为过于烦琐、不够科学。因为从教师缩写的逸事记录和儿童档案中收集大量的量化数据太困难、太耗时耗力，很多教育者纷纷表示对儿童进行评价太费时费力。以上种种因素导致真实性评价的方法在一定程度上遭到了抛弃。

（六）对变革的抗拒

从事学前教育工作的我们是一个特别的群体。我们经常将自己的工作描述为令人快乐的事业，我们为儿童所表现出的好奇心和求知欲而着迷，并从他们的进步中感受喜悦。我们感觉自己为儿童的家庭提供了他们所需要的服务，满足于和儿童及其父母之间的亲密关系。而在新的变革之下，对于标准和考责制的要求愈来愈强烈，我们的工作也发生着改变——现在我们要做更多额外的书面工作,作很多报告——这些改变在一些教师看来并不是最有利于儿童的,所以教师们可能抗拒这些变革。这导致了各种后果,比如,教师的工作积极性降低,教师不积极地实行新的课程和评价方法,甚至有的教师干脆离开了学前教育行业。

教师对变革的抗拒是正常的,也是健康的。实际上,它是变革过程的一部分。然而,如果变革导致了学前教育专业人员信念的破裂,使他们失去了对事业的激情,就非常糟糕了。我们坚信能够从当前变革中找到扬长避短的方法。本着对自己、对儿童、对家庭负责的精神,我们必须坚持最核心的信念,勇敢地发出清晰的声音。我们希望别人看到学前教育的价值,看到是什么真正造就了其价值的实现,看到以游戏为基础的课程方式能够满足学习标准,并且能够通过真实性评价加以评量。

二、本书所关注的内容

在本书中,我们将深入地探讨与早期学习标准相关的问题,讨论学习标准如何恰当地与课程和儿童评价相整合。我们会提出一些有效地计划和实施教师专业发展的建议、支持和指导教师的方法、如何处理抗拒变革的心理。我们将为学前教育工作者提供展示自己工作的框架和工具。我们会讨论当前正发生着的变革中的问题,提出应对这些变革的建议。我们也将为管理者们提供大量建议和策略,使他们更好地帮助自己的教师学习和成长。我们希望本书能够让每位读者找到帮助他人适应新变革的方法,以帮助更多学前教育工作者为了儿童发展继续坚守在学前教育事业行列中。

第一章将对以为发展适宜性教育和早期学习标准不能相融的错误观念加以讨论。第二章关注于当前变革的过程,并为管理者们提供管理技巧和建议,以有效地应对这些变革。第三章将和大家分享关于教师专业发展的理念。第四章到第七章介绍了 24 个教师专业发展活动案例,展示如何帮助教师将早期学习标准和发展适宜性课程、真实性评价结合起来。第八章将提供更多的传授、辅导教师调整课程和评价的具体策略。

我们希望,在面对政策制定者和资助机构不适当的期望时,学前教育领域的教师、管理者和行政人员不再感到被动和无力。我们期望学前教育专业人员团结起来发出美妙的和声,告诉别人:我们的所知、所信,就是为儿童提供优质教育的最佳方法。我们相信教师专业发展专家、幼教机构管理者、教师培训者担负着发出这种和声的重任！我们希望本书能够给您带来很多想法、建议、策略，帮助您承担好学前教育机构的领导者角色，支持、指导教师拥抱当今变革中的闪光点，抵制其中的不利因素。

参考资料

Campbell, F. A. , E. P. Pungello, S. Miller-Johnson, M. Burchinal, and C. T. Ramey. 2001. The development of cognitive and academic abilities: Growth curves from an early childhood educational experiment. *Developmental Psychology* 37:231-242.

Lynch, Robert G. 2006. Preschool pays. In *Annual editions: Early childhood education* 06/07, 27th ed. , ed. Karen Menke Paciorek. Dubuque, Iowa: McGraw Hill Contemporary Learning Series.

National Association for the Education of Young Children. 2006. NAEYC Academy for early childhood program accreditation. Accessed June 5, 2007, at www. naeyc. org/academy/standards.

National Association for the Education of Young Children and the National Association of Early Childhood Specialists in State Departments of Education (NAECS/SDE). 2003. Where we stand on curriculum, assessment, and program evaluation. Accessed June 5, 2007, at www. naeyc. org/about/positions/cape. asp.

Schweinhart, L. J. , J. Montie, Z. Xiang, W. S. Barnett, C. R. Belfield, and M. Nores. 2005. *Lifetime effects: The High/Scope perry preschool study through age 40.* Ypsilanti, Mich. : High/Scope Press.

目 录

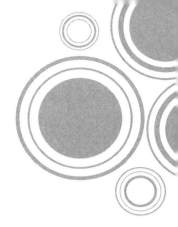

第一章　关于割裂：早期学习标准和发展适宜性实践能够共存

　　根据我们和全美范围内幼教工作者的交谈情况，我们发现大家对早期学习标准和发展适宜性实践能否共存于高质量的学前教育中表示怀疑。我们相信学习标准有潜力成为高质量学前教育的重要组成部分，它们可以用于促进课程的计划和实施，以保证所有儿童有机会最大限度地发展其潜能。我们同时也深切地认识到，如果这些标准被误用，会导致严重的后果。我们呼吁所有学前教育专业人士必须确定立场，反对对早期学习标准的不适当使用，不断地质疑和表达关切，以保证标准的使用有利于幼儿的发展。

　　我们在学前教育领域中看到了几种关于标准的误解。本章中，我们将指出这些误解，并提出一些事实和建议，帮助他人认识到标准与发展适宜性实践的结合是可能的。我们将讨论：

- 明文表述的标准与潜在标准的不同。
- 关于早期学习标准不能照顾年龄差异的误解。
- 关于特定年龄段的每位儿童都必须完成该年龄段所有标准的误解。
- 关于实施早期学习标准就必须只进行直接的、教师主导教学的误解。
- 关于自然的游戏方式教学不能达到学习标准的误解。
- 关于对早期学习标准的评价就只能以测试和所需要的方式进行的误解。

● 　人们得出了这样的结论：为了达到学习标准，幼教工作者们就不得不将支持幼儿在各个领域全面发展的热情放在一边，转而关注识字与数学技能，忽视幼儿在社会和情感领域的发展。

一、成文与不成文的标准

我们相信，对于早期学习标准在课程和儿童评价中的应用，不存在唯一正确的方法。每个儿童个体都有其独特的需求，各具特色的儿童群体在动态地变化着，每个家庭和社区的特点也是不同的，教师使用早期学习标准的方式也各不相同，其取决于如下因素：

● 　特定幼儿群体的整体发展水平。
● 　每名幼儿给这个群体带来的独特经验。
● 　不同特点的幼儿给幼儿群体带来的动态变化。
● 　不同家庭和社区的文化影响。
● 　相关教师体验。

记住以上几点，会有利于教师在教学中注意从不同视角出发学习、应用早期学习标准。

我们经常看到幼教工作者对实施早期学习标准的质疑。我们认为这些质疑在很大程度上源于我们之前指出的普遍误解。有点反讽意味的是，幼教工作者们几乎总是对自己面对的幼儿抱有期望和目标——其实这只是以不同的方式在设立标准。不管有没有说出来，所有成人都会思考幼儿应该做什么、什么对幼儿的学习来说更为重要。芭芭拉·鲍曼（Barbara Bowman，2006，43）曾说："一些教育机构声称自己不设立学习标准，这并不是说它们真的就没有标准。它的意思是这些机构的标准是不成文的，存在于教师、家长或其他具有话语权的成人的大脑中。当一个机构声称自己不设立学习标准时，实际上意味着每个人都抱有自己的标准，而无须接受他人的审查……导致的结果就是难以确定教师在教什么、幼儿在学什么。"

鲍曼同样提倡采用知情同意书的做法："知情同意书要求教师和机构宣传自己为幼儿提供的教育方法、所期待的学习目标并对其负责……因为幼儿本身无法签署知情同意书，家长和社区必须享有这个权利。"在我们看来，这是一个事关责任的呼声：教育机构要明确说出自己对幼儿的目标和期望，这样，家长、教师、社区成员、政策制定者才能清楚地了解到这些目标和期望。

二、各州早期学习标准的年龄适宜性

与很多教育工作者的观感恰好相反，各州制定的早期学习标准是具有年龄适宜性的，因为在每个州，学习标准都是由熟悉各个年龄段幼儿发展需求的早期教育专业人员制定和审定的。在不同的州，我们都参与了标准的制定过程。以我们的经验，参与其中的专业人员对于幼儿的年龄特点和发展需求给予了巨大的关注。盖伊·格朗兰德（Gaye Gronlund）在其著作《让早期学习标准行动起来》（*Make Early Learning Standards Come Alive*）中考察了全美范围内的早期学习标准，她发现州与州的标准之间存在巨大的相似之处，基于充分的儿童发展理论，这些标准所提出的要求也相互类似。下面是一些我们参与早期学习标准开发工作的例子。

蒙大拿州在开发早期学习标准的过程中，充分考虑到了该州不同教育机构的差异性。在开发的最初阶段，6位专家组成了指导委员会，确定将早期标准与发展适宜性实践相结合的原则，并决定何人将参与到标准制定过程中来。该指导委员会研究了其他州的学习标准，然后邀请了大约60位人士参与到起草初稿的工作中。这个团队囊括了该州学前教育相关人员，包括但不限于家庭式早教机构负责人、早教中心教师和管理者、卫生保健专家、治疗师、大学教授、蒙大拿州学前教育服务局（Montana Early Childhood Services Bureau）的代表，以及蒙大拿州公共教育办公室（Montana Office of Public Instruction）的代表。

这个团队的任务在于研发每个领域的具体标准。在碰面讨论之前，参与者们先列出了感兴趣的领域，然后以小组的形式研发出每个领域的具体内容。在初稿完成并统稿后，将其发给该州感兴趣的团体以供审阅和评论。在大约6个月的审阅周期后，该标准才向社会发布，同时制定出了一个方便家长阅读的版本。

在新墨西哥州，早期学习标准和关键指标的制定历时3年。来自全州范围内的幼教工作者们受邀参与到一系列工作组中贡献自己的知识和智慧，反复讨论，数易其稿。在制定过程中，考虑到该州特殊的人口组成结构，为适应此特殊需求，讨论会邀请了不同文化群体的代表参与到此项活动中。在该州州立学前教育项目实施第一年，幼教工作者先使用了最初制定的标准，然后收集教师的反馈意见并重复修改，以使该标准更好地体现发展适宜性要求。在此过程中，为了便于教师使用，标准还为教师提供了相应的观察评价工具。该州早期学习标准的制定不仅采纳了来自本州幼教工作者和不同文化群体等多方意见，还参考了其他州的相关经验，是本州智慧和他山之石的良好融合。

三、幼儿对早期学习标准的达成

很少有幼教工作者会期望每名幼儿都达到他们所处年龄段的所有学习标准。我们大多数人都认同，学前教育工作的任务是帮助幼儿奠定发展的基础技能，而早期学习标准应当是一个追踪幼儿在这些基础技能上发展状况的指南。相对于固定的标准，每名幼儿都会体现出或高或低的发展水平，表现出独特的优势和弱点。以每名幼儿特有的节奏观察其迈向学习标准的过程，能使教师既关注学习目标和标准，又允许每名幼儿的个性得以彰显。例如，在识字领域，教育者不应该期望教 4 岁的幼儿整段地阅读文章，但我们可以期望帮助 4 岁幼儿学会欣赏和享受图书所需要的技能，学会认识自己的名字和一些字母，认识到字母的组合具有特定的意义，例如，它代表了我们所说的、所写的词。在数学、科学等其他领域，这样的教育理念是通用的。更重要的工作是，幼教工作者要负责记录下每名幼儿在迈向每条学习标准道路上的前进历程。

四、课程与标准

我们相信我们能够提供满足每位儿童需要的广泛而丰富的课程，并且使其具有发展适宜性，支持儿童达到学习标准的要求。事实上，早期学习标准可以通过传统的学前教育方法达成，例如：

- 在精心设计的环境中，在教师的促进和引导下进行游戏和探索活动。
- 教师充分发挥日常生活常规中的学习机会，如吃点心、户外探索活动、如厕、洗手、来园和离园。
- 教师组织的小组、大组活动。

"在设计课程时考虑早期学习标准，并不一定必须改变教学方式……它要求在设计和实施课程的时候，多一层关于早期学习标准的考虑，使自己能清楚地意识到学习标准在哪些地方得到了体现，学习标准更多地走向前台。"(Gronlund，2006，16)我们坚信，学习标准能够和学前教育课程结合在一起，而不必牺牲学前教育中令人愉快的部分(学前教育事业发展过程中的成熟部分)，例如，教育过程的自发性、发现每名幼儿的技能和兴趣、发展我们自己的特有技能和兴趣等。为了帮助教师提升将学习标准和当前课程有机结合的能力，我们需要为他们提供专业发展培训，给予他们更多的指导、支持。学前教育课程的视野仍然可以很宽广、很综合，仍然可以容纳所有的发展领域。

五、游戏与学习

一直以来，儿童发展理论都告诉我们，游戏是儿童最好的学习方式(Stegelin，2005)。教师通过认真的计划和思考，将儿童的游戏和学习结合在一起。现在教师面临的挑战是，儿童游戏所提供的学习机会是否涵盖了早期学习标准中规定的领域。这些学习机会可以来自儿童的自发游戏主题，然后将其和特定的学习标准结合起来。教师也可以依据特定的学习标准设计游戏活动，然后观察和记录儿童在这些游戏中的活动情况，看儿童是否学习了学习标准当中的内容。"教师将成为真正的艺术家，因为他们要充分发挥自身的聪明才智为孩子们提供社会、情感、认知、身体、文化等各个方面的学习机会，为孩子们编织一幅美丽的活动图景。"(Oliver and Klugman，2006，13～14)

六、评价与学习标准

我们在前文中谈到了，和一些普遍的误解相反，幼儿教育工作者可以使用真实性评价的方法(如观察、档案记录等)来记录幼儿向学习标准迈进的情况。这种评价方式能够指导教学，帮助教师更好地了解每名幼儿的发展水平，从而促使其更好地发展。然而，在这个讲究考责的年代，评价也可能被用于判断"教育机构所宣称的教育内容是不是真正被儿童学到了。考责式的评价将教师、管理者和教育系统束缚在可见的知识上，因此引发了很多困惑"(Bowman，2006，48)。部分困惑在于，一些教育机构同时在使用真实性评价和考责式评价两种方法。教师在观察和记录儿童、收集儿童的作品制作成长档案并和家庭交流，而管理者们则在对儿童进行各个领域的"测验"，在这两种评价方式之间没有任何联系。我们认为这样的评价方式是不恰当的，应该纠正。为此，在教师培训工作中，我们应该注重教会教师如何观察儿童、如何仔细地记录儿童的学习过程。

七、幼儿教育工作者的热情与学习标准

如果幼儿教育工作者能够将早期学习标准和自己认为最佳的教育方式结合起来，那么他们便能够在接受学习标准的同时，保持自己的工作热情。如果他们屈从于不适当的压力而不去追求对儿童最好的教育方式，就会面临失去工作热情的危险。好的管理者能够赋予教师以力量，通过培训和指导，机构管理者、教师指导者和教师培训专家，也能够帮助教师认识到早期学习标准和考责制推行给学前教育事业发展带来的影响。当然，在这个过程中，更需要教师付出精力、热情、知识以及勇气。

在整个发展过程中，我们需要给学前教育工作者学习、成长和适应变革的时间，促使其能有效自如地将学习标准应用于幼儿课程和评价中，以使标准发挥其真正的作用。在下一章中，我们将讨论变革发生的过程，并提供一些有效应对变革的技巧和建议。

参考资料

Bowman, Barbara T. 2006. Standards at the heart of educational equity. *Young Children* 61(5): 42-48.

Gronlund, Gaye. 2006. *Make early learning standards come alive: Connecting your practice and curriculum to state guidelines*. St. Paul: Redleaf Press.

Montana's early learning guidelines. Accessed June 13, 2007, at www. montana. edu/ecp/pdfs/MTEarly Learning Guidelines. pdf.

New Mexico early learning outcomes. Accessed June 1, 2007, at www. newmexicoprek. org/index. cfm? event=public. prek. Materials.

Oliver, Susan J., and Edgar Klugman. 2006. Play and standardsdriven curricula: Can they work together in preschool? *Child Care Exchange* (July/August 2006):12-16.

Stegelin, Dolores A. 2005. Making the case for play policy: Research-based reasons to support play-based environments. *Young Children* 60(2):76-85.

第二章 变革的过程

变革对每个人来说都是困难的。变革，顾名思义，意味着人们要面对自己不熟悉的东西，这有时会让人感到恐慌。变革会威胁到我们的心理"舒适区（comfort zone）"，将我们推入一种不安定的状态。但是生活就是由变革组成的。随着学前教育中学习标准和更多考责办法的推行，我们发现自己别无选择，只能去寻找应对这些变革的办法。本章中，我们将探索这些变革的过程，分享我们作为大学教师和咨询者的有用资源，讨论我们在如下方面的体验：

● 变革是不可避免的。

● 变革中的情感因素。

● 面对变革自然而然产生的抵触以及应对各种抵触的方法。

● 处理变革过程的方法。

我们已谈过，变革的过程发生在两个不同的层面。教师专业发展专家和教育机构管理者在当前变革中居于领导者的角色。他们要负责带领教师实行早期学习标准、接受考责制度。但是，我们发现他们对正在发生的变革抱有自己的看法。这些变革有时可能也会让他们感觉不自在，还要帮助手下的教师去接受变革。更重要的是，他们还必须保持自己的热情和责任感，确保自己和教师所实施的教育是最有利于儿童的。这实在是个艰巨的任务！

一、变革不可避免

我们认识到应对变革不是件容易事。但我们也强烈地感觉到，每个幼教机构领导者都必须应对它。我们所付出的关注和思考越多，幼教机构领导者以及教师接受变革的过程就会越容易。

简单是第一步，是让人们说出自己的担忧。下面的一些俗语包含着民间的智慧（Harvey，1995）。看一看这些话，是否能与你产生共鸣？你也可以将这些话读给教师听，看他们是否也会产生共鸣。

- 压力是成功的沃土。
- 如果你想要改变，开个派对吧。
- 变革意味着损失。
- 走路只有从蹒跚学步开始。
- 变革发生在参与者的头脑中，而不是发生在组织者中。
- 没有带来成长的变革会慢慢消退。
- 变革是不可避免的，而痛苦则未必。
- 变革是不可避免的，而成长则未必。

变革真的是不可避免的。以我们的经验，一个组织发生变革时所遇到的问题大多都是因为个体的消极反应带来的。就像前面的一句俗语所说，变革经常被人等同于损失——损失自己所熟悉的事物，损失"我们一贯的做事方式"。当面临这样的损失时，我们很多人会更加留恋过去的方式和想法而不轻易放弃。如果被迫做出改变，我们可能会像真正失去了什么东西一样变得愤怒，并以或明显或隐秘的方式发泄出来。另外，我们可能觉得自己已经很忙了，没有额外的精力去应付自己并不一定理解也不一定认同的变革。

在学前教育领域，教师的报酬和工作条件并不总是足以支撑教师去学习变革所要求的新知识，他们更容易抵触变革。

有人曾将进入 21 世纪比喻为在激流中行舟。幼儿教师很熟悉这种感觉，他们习惯于努力拦住浪花，奋力划水，或者努力寻找挑战和安全两者间的最佳平衡点。要帮助教师认识到自己的工作中总会不断地变化和挑战，增强他们应对变化的能力，保证其能够满足不断出现的新要求，帮助其处理工作中的挫折和压力。

上述引自伊丽莎白·琼斯（Elizabeth Jones，1994，X）的话，描述了我们很多人必须经历的变革过程。我们必须认识到、分辨出自己失去了什么。我们在认识到变革必然来临并且是必需的这一事实之前，可能要愤怒地咆哮和反抗。只有在此之后，我们才能接受变革，我们的思想和实践才能真正地成长。这一过程需要时间，需要我们付出努力。

二、变革中的情感因素

我们都经历过失败的变革。詹姆斯·法拉提（James Flaherty）指出了导致变革失败的几个原因，称为"变形虫理论（Amoeba Theory）"。这个理论告诉我们，只要捅一捅变形虫或喂一些糖，它们就会发生变化。与此类似，"管理者和指导者们企图通过'捅一捅'或'喂糖'的方式刺激教师进行变革"（Flaherty，1999，7）。法拉提指出，这种办法适用于变形虫，但人类不喜欢这种被操纵的感觉。领导者们可能会威逼利诱，这种做法可能收到短期效果。但一旦诱惑或威胁停止了，教师的改变也就停止了。这些短期的诱惑和威胁局限于即时的效果，通常难以收到长效。这些方法无法激励个体去寻求改变的创造性和开拓性。人类比那些只对外部刺激产生反应的实验室动物更为复杂。我们需要成为变革过程的积极参与者，而不是被动的接受者。

迈克尔·富兰（Michael Fullan，1993，40)提出了所谓"动态变化"所要求的多种行为：

动态变化的背后暗含了八种行为：推进变革的同时让自己有机会学习和成长；准备好迎接不确定性；将问题视为发挥创造性的机会；确定自己的视角，但不局限于此；看重个体和集体的价值；将向外和向内的两股力量结合在一起；保持内部的凝聚力以及外部的方向性；珍视个体所发生的变化……

在下面的故事中，玛琳·詹姆斯（Marlyn James）描述了自己作为一家机构的管理者和自己的员工一起"接受不确定性"的经历。

数年前，我开始领导一个新的教育机构。在接手之前，我拥有大量的管理经验和学前教育方面的教育背景。我觉得新的机构和我之前的机构非常相似，认为这里的教师、家长对于发展适宜性教育的想法、目标及态度会和我一样。但是我开始的变革有些操之过急了。

我将教师组织起来，谈论了自己想要实施的变革。他们对我点头，看起来认同我的想法。我觉得事情进展得很顺利，直到我意识到：一旦我的视线离开了教师，他们就会回到从前的做法上去。我感到很震惊。我花了很长时间才理解为什么会这样。我懂得了变革应该是一个缓慢的过程，人们需要时间去以自己的方式尝试新的观念。教师需要时间去尝试新的做法，同时又不必担心"做错"。我也意识到了这个新机构和我心目中的适宜教育相差甚远。我开始懂得双方都要做出妥协，如果我发动变革的步伐太快，会让教师感觉自己从前的做法都是错误的。

所以，我开始和教师们讨论他们希望保留哪些、改变哪些。教师开始在课程以及日常生活常规中实施新的理念。经过一段时间，这个机构真的变化了。最为重要的是：教师和家长们接受、欣赏所发生的变化。我从中所收获的经验是：变革是一个缓慢的和需要深思熟虑的过程。它要花费比你期望的多得多的时间，但是变革的结果值得你等待！

我们的任务是关注教师个人的学习需要和学习风格，同时，理解和应对变革过程中自然存在的不确定性，帮助领导者有效制订教师培训方案，将其引向新的方向，让他们接受变革。

对于早期学习标准，我们发现教师最担心的是失去教学中的自由。很多幼教工作者长期以来一直围绕儿童的兴趣和能力设计课程，有时也根据自己个人的兴趣和能力设计课程。之前，教师在创设学习环境、设计游戏活动时具有较强的灵活性。工作时间较长的教师会将教学重点放在儿童的社会和情感发展领域，帮助儿童为未来的学习做好此方面准备。在工作中，他们更注重引导儿童学习与他人相处、懂得轮流做事、讲礼貌、调控自己的情绪、发展独立性。与此同时，他们也会引导儿童阅读书籍，激发他们的识字兴趣，帮助儿童写自己的名字，数自己能看到的东西，教儿童认识周围世界的方方面面。他们拥有在教学方面的知识，但并没有感觉到有这方面的义务，不像今天有那么多明确的要求。

11

很多认同生成性课程和以游戏为教学基础的幼教工作者认为，为了使早期学习标准与幼儿课程及评价有机结合，就必须放弃先前教学中积极推崇的教学方式。他们可能觉得实施学习标准的唯一办法是采用直接教学或教师主导的活动。作为管理者和领导变革的人，你应当提醒教师这是一种误解。你可以让教师说出自己的忧虑并加以解决，帮助教师认识到在将早期学习标准与"儿童主导的游戏活动"融合在一起时，自己能够得以成长。在第四章到第八章，我们将更充分地探讨早期学习标准与课程、评价之间的直接关系，并为教师培训以及教学指导提供些许建议。

三、对变革的抵触是健康的

我们应该明白，人们对变革的抵触实际上是个好现象。"防御和抵触意味着你已经触及了重要和珍贵的东西。"（Block，2000）当学前教育工作者抵制或质疑早期学习标准的价值时，他们可能只是在说："哦，天哪，要变得和从前不一样了，但是会变得比以前更好吗？我能看到一些价值，但想到自己要改变让自己感到舒适的教育方式，就会感到害怕。"作为变革的领导者，我们知道这种反应比遭遇"谁在乎"似的冷漠态度要好得多。冷漠的态度意味着教师不关心自己的工作，也不在意自己在变革中所承担的角色、所具有的价值。而抵触则表示变革触动了他们的心弦，受到了其认真、严肃的对待（无论他们是否喜欢这一变革）。

很难就事论事地看待教师的抵触。如果你是机构的管理者或教师培训专家，会感到他们所抵触的是你本人，而不是你所要传递的理念和学习标准。"处理教师抵触的最主要工作是不要将其视为对你个人的抵触……教师所抗拒的是自己不得不做出艰难的抉择、采取不喜欢的做法、面对自己曾经努力逃避的现实。"（Block，2000，148）

四、应对变革的办法

弄清楚教师为什么会抵触变革，能让我们更有效地采取自己的应对策略。苏珊·哈珀—惠伦（Susan Harper-Whalen，2006，1）指出了一些可能影响教师参与变革的阻碍因素：

● 童年和作为家长的经验。
● 作为幼教工作者的经验。

● 自尊心与对于幼教行业的价值感。

● 将学前教育理论转化为日常实践的困难。

我们想再次强调让教师表达出自己恐惧、担忧情绪的重要性，这是在课程及评价中实施早期学习标准、让教师接受标准并得以成长的最为基础和必要的一步。为教师创设一个安全的环境，让他们分享自己的童年经验和作为幼教工作者遇到的困难，有助于帮助其尽快摆脱抵触心理。我们经常组织头脑风暴活动，让教师说出自己在实施学习标准的过程中发现的益处和抱有的担忧。继而，我们就他们取得的成功和遇到的挑战进行讨论，庆祝成功并应对挑战。

个别化学习对于成人和儿童来说一样重要。你所领导的团队中的每个人都具有不同的技能、知识和学习风格，接受新理念的程度各不相同。那些接受程度较高的人可以为接受程度低的人提供建议。把大家遇到的困难摆到桌面上，找出矛盾之处及其解决办法，你就能和教师一起推动变革的进程。有的人是蹒跚学步，有的人则可以跨越式前进。作为领导者，你的角色是激励教师接受学习标准并将其实施到课程和评价中。同时，作为领导者，你更要认识到在此学习过程中教师的个体差异，无论是蹒跚学步的教师还是跨越式进步的教师，你都要对其所取得的进步表示欣赏和祝贺。

在第八章，我们将考查在课程和评价工作中教师抵触变革的具体表现。我们将给出一些案例及其解决策略，以帮助教师在变革中寻找新的平衡点，重新找到自己感到舒适的工作方式。

五、应对复杂变革的连续体

图 2-1 所示的连续体可以帮助我们体会到抵触是如何发生的。通过观察该图，你可以根据教师的表现往回找到其所需要的帮助。该图的第一行包含了 5 个促使变革成功的必要因素：愿景、技能、激励、资源、行动计划。往下看，你会发现每一行都缺失了一个因素。

每一行都列出了当缺失特定的因素时会导致的后果。让我们考虑，在实施早期学习标准和在学前教育课程及评价中引入考责制时可能发生的每种情况。

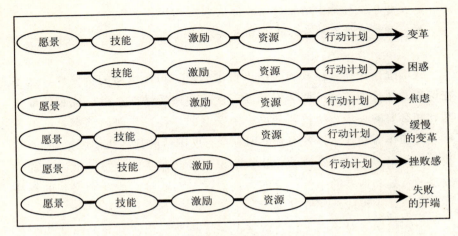

图 2-1 应对复杂变革的连续体

(一)困惑

如果教师感到了困惑，是因为他们没有建立起清晰的愿景。他们可能会说："好的。我们知道要实施这些早期学习标准。但是这究竟意味着什么?"我们认为教师需要重新树立变革的目标，明确地找到早期学习标准所带来的益处。

(二)焦虑

如果你看到了教师的焦虑，可能是因为他们担心自己不具备新标准所要求的技能。根据我们的经验，长期将幼儿的社会和情感发展置于首位的教师可能不清楚如何实施与其年龄适宜的识字、数学和科学活动。可供他们模仿的对象可能只有他们上小学时接受教育的经验。他们内心的直觉是这种教学方式并不适用于幼儿，但却不懂得如何对其加以改造。有些幼教工作者甚至可能不认为自己在进行"教学"，他们会觉得自己需要花更多的时间进行直接教学才能达到早期学习标准的要求。这些教师可能不理解是可以将学习标准和日常的游戏化的探索活动结合起来的，这些教师更不懂得如何去做。

(三)缓慢的变革

如果变革过于缓慢，可能是因为缺乏激励因素。如果你觉得变革的速度太慢(注意别对变革速度有过高的要求)，教师可能需要更多的激励措施以接受变革。我们不断听到有教师反映学习早期学习标准的任务太重了，更别提将其实施到课程和评价工作中了。你如何帮助教师看到这么做的益处？你能否提供一些与其专业发展相关联的激励措施？你能否为教师代班，让他们有时间去规划设计教学活动？你能否给他们写纸条，告诉他们其工作有多出色？你能否鼓励家长让教师知道自己得到了他们的赞赏？你能否给教师提高报酬，让他们的成长和努力得到回报，让你的管理团队意识到教师所面对的新要求，并为教师提供支持，使他们得到对其有意义的激励？

（四）挫败感

导致教师产生挫败感的常见原因，是他们觉得自己得不到所需要的资源。教师需要得到资源的支持才能更好地工作。参与和实施与早期学习标准相关的培训、工作坊，能让他们从别处获得经验和支持。我们发现大多数教师将时间视为重要但稀缺的资源。每周留出一定的时间专门用于教学活动设计，或者用于收集儿童档案和评价信息，教师会很珍视这样的时间。我们不想让教师失败。但不幸的是，很多教师的感觉不是这样。他们发现教学对自己的要求越来越多，其所要承担的责任越来越多，但是可以借助的资源却越来越少。我们甚至听说有的教育机构监控教师用来复印和填写学习标准资料的用纸数量。这样的做法只能激起教师更大的抵触，减少成功的机会。

（五）开端的假象

你可能会发现在发生了一些小变化后，大家就又回到了原来的起点上。当缺乏一个清晰的行动计划时，就会出现这种开端的假象。我们经常为教师设定时间表，例如："在本月末，每个人都要写下自己教学中要体现的学习标准。"然后，我们会在教师会议上提出这些行动计划，让教师交流自己在实施过程中取得的成功和遇到的困难，这样他们就能相互汲取经验。下一个月，我们制订现场观察计划，到教室中去实地考查教师的实施效果。在现场观察中，我们会做逸事记录，记录下教师在和儿童交谈时所提的问题、进行的评价，以及在儿童游戏中所提供的支持。我们与教师进行个别或团体的交流，为他们提出反馈意见，并为他们的教学和评价工作设立新的目标。要确定教师达成目标的计划，并且为计划的实施和评估设立明确的目标和日期。这个计划可以由教师团队制订，或者也可以有一部分由你根据自身的管理风格以及对教师的了解加以制订。

(六)庆祝变革

我们强烈地建议你留出庆祝的时间。前文所提到的俗语中有一句话是这样说的："如果你想要改变，开个派对吧。"不要忘了庆祝成功（或只是庆祝大家付出了努力）所带来的激励作用。有些机构会为旧的理念举行一个葬礼，并为新的理念举办一个派对。符号和仪式是很有影响力的！我们鼓励你采用这些对自己有利的方式。

认识到成人如何进行有意义的、具有长期效果的学习，是构成变革的一个重要部分。在下一章中，我们将分享与成人学习有关的理念和经验。我们会探讨创造安全、信任的学习环境的重要性，在这样的环境中，教师可以一起承担风险，共同学习和成长。

参考资料

Block，Peter. 2000. *Flawless consulting：A guide to getting your expertise used*. 2nd ed. San Diego：Pfeiffer & Company.

Flaherty，James. 1999. *Coaching：Evoking excellence in others*. Burlington，Mass.：Butterworth-Heinemann.

Fullan，Michael. 1993. *Change forces：Probing the depths of educational reform*. Levittown，Pa.：The Falmer Press.

Harper-Whalen，Susan. 2006. Potential barriers to change：Training solutions. *Montana Early Childhood Project* 12.

Harvey，Thomas R. 1995. *Checklist for change：A pragmatic approach to creating and controlling change*. Lancaster，Pa.：Technomic Publishing Co.，Inc.

Hight，Gayle. 2005. Emotion is key to change, says Deloitte consulting principal. Accessed July 21，2007，at www. mccombs. utexas. edu/news/pressreleases/cohen_10_05_wrap. asp.

Jones，Elizabeth. 1994. *Foreword to Training teachers：A harvest of theory and practice*，by Deb Curtis and Margie Carter. St. Paul：Redleaf Press.

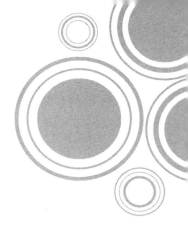

第三章　成人的学习与高质量的
　　　　 教师专业发展

　　为教师创造有效的学习机会通常采用计划和实施培训两种方式，继之以在教室中提供不断的指导。在培训中，如果更多采用互动式的、活泼的、探索式的、经常鼓励参与者分享其经验和思考结果的教师培训，会更有意义。我们同意研究者玛吉·卡特儿和德布·柯蒂斯（Margie Carter & Deb Curtis，1994，7）的做法，他们说："我们所提供的所有课程和工作坊都是以小组活动的形式进行的，这有利于给参与者们提供选择和追寻适合自己兴趣及学习风格的机会。"

　　你可能注意到我们在本书中没有使用"训练（training）"一词。在我们看来，"训练"意味着在专家和被培训人员之间存在着不平等关系。我们认为有必要提出一种教师培训的新范式：参与者们和为其提供指导的培训专家站在平等的平台上。培训中，鼓励每位教师都能够分享个性化、差异化的学习经验。在读研究生和在太平洋橡树学院（Pacific Oaks College）任教的经历深刻地影响了我们对这些问题的看法。我们感谢为我们提供这些经历及指导的教授和导师们。在做咨询者和大学教师的工作中，我们认真采纳了他们的很多建议，为成人们提供了积极主动的学习方式。本章内容包含我们的研究结果，同时也将分享我们作为教师培训领导者的经验。

　　我们都希望自己的指导能给教师行为带来积极变化。为了使这种积极变化持久保持，我们需要设计一套对教师发展有意义的培训。我们的培训理念遵循以下关于成人有效学习的原则，在本章中我们将对其逐条进行讨论。

- 成人需要在学习中建立积极的情感联系。
- 成人的成长和学习需要有一个安全的环境，让他们愿意去承担学习的风险。
- 成人需要对儿童工作保持热情。
- 成人也想玩！他们的玩伴是自己的思想和其他人。
- 成人的学习内容应当是有意义的。因此，为了使教师培训更有意义，其内容应该包含在发展适宜性教育的框架之中。
- 成人具有不同的学习风格和不同的教育经验。
- 持续不断的学习机会比一次性的工作坊更为有效。因此，教师培训最好能与教室中的现场指导相结合，让教师有机会在实践中尝试所学的东西。
- 无论是在培训中还是在现场指导中，成人都需要时间去反思。

在学前教育正经历变革的时代，在考责制和学习标准盛行的今天，我们更加坚定地相信教师培训应当遵循上述原则。我们希望这些原则与第二章的内容相结合，帮助、支持您更好地承担教师培训领导者的角色。从第四章到第八章，我们将给您提供一些活动的具体建议，以及课程与评价工作的指南。

我们不会让您使用本书中活动的固定程序。相反，我们鼓励您通读这些活动，然后决定适合自己需要的最佳方案。如果您是机构负责人，为了帮助您达成培训目标，向您的员工传达新的信息和理念，您可以从中选择一些适合达成您目标的活动。如果您是教师培训专家，正在计划开展半日制或全日制培训，那么您可能需要从中选择更多有意义的活动以达成您的培训目标。

一、与培训参与者的情感联系

我们在设计教师培训的时候，会考虑所传达的理念或信息将在情感层面对培训参与者产生什么样的影响。达成这一点则需要我们有意识地去了解培训参与者们究竟是怎样的人，他们具有什么样的生活经验、理念和热情。同时，还要花时间了解他们在日常的教育工作中遇到的一般性问题及与培训内容相关的具体问题。我们希望参加培训的教师在接受理念和新的实践的过程中能更好地做到自主化、个性化，与新理念建立真正能深入内心的情感联系。

在每天的教师培训中，我们通常会先介绍当天的计划，然后在培训的早期阶段，会询问教师如下问题：

- 可以和我们说一说你带的孩子们的情况吗？
- 你今天的目标是什么？
- 关于今天的主题，你有什么问题？
- 在我们正式开始之前，你还有什么想让我们知道的吗？

这样的问题能为当天的培训奠定基调，也清楚地向教师传达了这样的信息：我们关心他们的问题和关切的内容，会努力符合他们的需求，解答他们的疑问。

在培训中，我们始终欢迎教师提出问题，针对培训内容做出评论。但这种做法具有两面性。我们尽力去顾及每个人的想法，但有时会由于一两个人主导了讨论过程，从而将讨论内容引至和培训主题无关的内容上去了。这时可以制造一个"停车位"，使用物质材料来设定问题的范围，从而向大家表达你看重所有的问题，但同时希望大家的讨论保持在主题之内。为此，我们可以做一个挂图，标上"问题"二字。给教师便笺纸，让他们写下和当前主题无关的疑问，以备以后再进行讨论，并告诉大家什么时候将讨论这些暂时和主题无关的问题的时间。在我们的工作中，会在休息或小组活动时与提出问题的人单独沟通。我们可能还会定期地在集体活动中回顾这些问题并加以解答。有时，因为解答教师的问题需要更多的信息或资源，我们会把所有问题写在表格当中，在未来的培训日程中安排一次会议专门来对其予以讨论解决。此处的重点在于，你要给教师留下清晰的印象：你是开放的，你愿意倾听，你重视大家所关切的。

二、为教师的成长和学习创设安全的环境

让参加培训者知道你关心他们，重视他们的感受，会帮助你创建一种安全和充满信任的氛围。这样的环境让人们愿意去承担风险，就像儿童一样，成人也需要在安全感中学习、成长、改变。有研究者（Abraham

Maslow，1970)指出，我们具有多个不同层次的需要，这些需要的强度和影响作用各不相同：需求层次越低，需求的影响力就越大。当低层次的需求得到了满足，我们就能去寻求更高层次需求的满足。

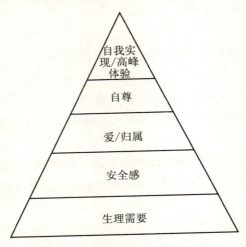

图 3-1　马斯洛的需要层次理论

(一)生理需要和安全的需要

生理需要很容易做到，在教师培训中，我们会安排舒适的环境，提供食物和饮料，满足大家对人身安全的要求。为了创设一种环境，使大家愿意承担学习新东西时的风险，让参加培训者感到安全是工作之基础。

创造安全环境的第一个步骤是让参加者们了解当天的内容，知道你对他们的期望。写下日程表(无论是发到教师手中还是张贴出来)，目的就在于为参加者们提供一个时间框架。事关舒适性的重要问题，如休息的时间、处理个人需要的办法，都应该告诉大家。如果当天的培训很长，开始时就把午餐的时间安排告诉大家，会让大家感到放松。身体和情感的舒适是建立安全感的前提，它会让人感到自己在一定程度上掌控着学习进程。

物理环境也有助于安全感的建立，因此在设计教师培训时应当将舒适度考虑进去。一些简单的事情，如准备舒服的椅子和桌子，把它们摆放得紧密一些，可以让教师感到安全。如果有可能的话，提供点心和饮料，并要保证水的供应。

(二)归属感、自尊和自我实现

马斯洛需要层次理论接下来的两个层次——归属感和自尊，直接源于被他人所接受的感觉。这种需求的满足能带来个人的胜任感和满足感，为最终的自我实现层次奠定基础。帮助教师满足这些层次需要的关键在于在你和他们之间建立信任。在个人关系和专业关系两个层面之间建立信任需要时间。当人们开始和他人在安全的环境中相互交流及分享时，信任感就开始建立了。当人们感到安全时，焦虑就会降低，学习则最有成效。马斯洛提到了降低焦虑的需要："只有在提供最低限度的焦虑和最高限度的愉悦感环境中，主动的成长才能发生。"(Maslow，1962)

在团体中建立信任

无论你面对的是一个不熟悉的团体还是熟悉的同事，都能以一些简单而有趣的活动开场。这里有一些值得借鉴的方法：

● 在一个不熟悉的团体中，让每个参与者都两两配对，彼此之间互相提问并把自己介绍给大家(为了节省时间，你可能要为他们的交流限定三到四个问题，如叫什么名字、来自哪里、有多少年的幼教工作经验等)。

● 在一个相互熟悉的团体中，让大家互相分享一些自己知道而别人不知道的事情。

● 无论是何种团体，都可以让每个人介绍自己喜欢的电影、歌曲或电视剧。

● 无论是何种团体，都可以让每个人介绍自己是如何照顾自己的——是什么滋养了自己。

● 无论是何种团体，都可以让每个人介绍他们喜欢和孩子们一起做的事情。

"我们相信你完全有能力根据实际情况在这个列表中添加自己喜欢的活动方式。"在培训中，为了使彼此之间能更好地建立信任感，在准备开始谈一些诸如大家所期待的目标和关心之事等相对困难的话题之前，可以以这些话题作为开场内容。如我们在介绍自己时，会分享一些有关个人生活的事情，以建立起信任感。我们要努力找到和大家之间的共同点，明确地告诉大家我们不是去说教的，而是要加入到他们的学习过程之中。

我们会说:"我期待加入到你们的讨论中,聆听你们工作中的故事。"我们还会分享自己在教学生涯中的故事,包括我们遭遇并克服困难的经历,以展示我们也是具有弱点的人,从而和参加培训者之间建立起情感联系。

信任和权力问题

权力问题是团体成员彼此之间是否能建立相互信任关系的关键性因素。伊芙·特罗克(Eve Trook)曾提出在儿童面前运用权力的理论。我们发现该理论在考虑成人的学习时同样有效。特罗克提出了下面几种可能:

● 权力压制个体:个体没有实质的选择机会,也就是说,个体处于被压制的地位。

● 权力为个体服务:个体可以体验到发展自尊和信心的经验,使得权力为个体服务,也就是说,它能促进个体的发展。

● 权力与个体相伴:个体和教师(教师培训的领导者、指导者)是平等的,在一起学习,个体拥有新的权力,也就是说,所有参与者都享有自由。(Trook,1983)

上述三种权力,其运行模式间的关键区别在于领导者在多大程度上控制着学习进程。在权力压制个体的模式中,领导者拥有完全的控制权。在权力为个体服务的模式中,领导者有意识地支持和引导个体,将其引领至某个目标。在权力与个体相伴的模式中,学习者和领导者在学习过程中享有平等的权力。我们越是能创造一个充满了求知欲、愉悦和成功感的氛围,就越能赋予教师力量,去勇敢地成为变革中的一分子,并将这种变革融入自己的日常实践之中。为了实现最终的理想,我们必须赋予教师这种力量。

"人类机体的生长需要信任和力量的支持。人们在缺乏信任感的情况下不会去冒险变革。"(Morgan,1983,14)我们需要铭记,变革的过程是渐进的,一定的抵触具有积极的意义——实际上,它可以被视为变革过程的一个必要组成部分。要想在变革与教师的担忧之间找到平衡,你可以往回看图 2-1。

三、帮助他人保持面对儿童时的热情

以我们的经验看,教师在接纳的氛围里更愿意分享他们的快乐,在面对儿童时会更饱含热情。我们通常会让教师列出自己最喜欢的一些工作，然后将教师所写的东西作为设计教师培训活动的资料，将教师在工作中体验到的快乐融入到培训当中。我们发现，教师担心如果实施早期学习标准，就不得不放弃从前最为享受的东西。很多人告诉我们，他们担心为了满足更具学术性的教育目标，就不得不放弃音乐、艺术或户外的时间。他们还担心要在本来就很繁忙的工作中增添更多的负担。这样，在规划教师培训时，我们的目标就成为帮助教师认识到他们能够在自己喜欢的、对儿童发展有利的教育方式中去实施学习标准。

在第四章到第八章的内容中，我们会涉及一些教师培训的活动案例及其指导建议，主要包括：

● 组织讨论，帮助教师发现在已经开展的幼儿活动中哪些内容可以和新的标准相结合——以此减少教师关于"要做得更多"的担心。
● 找出在日常生活常规中可以和学术性活动相结合的契合点。
● 向教师展示如何观察儿童、如何记录儿童朝着学习标准前进的点滴进步，帮助教师解决关于儿童评价的问题。

四、为教师安排游戏以及其他平行内容

在教师培训中，我们会向教师有意识地示范发展适宜性教育的教学方式，以使其能更直观地感受到他们应该如何教育儿童。就像我们希望教师能够为儿童提供最佳的学习环境一样，在教师培训中我们也要为这些成人创设学习环境，给他们充分的机会，让其在游戏和探索中学习、成长。在强调游戏对于儿童发展具有关键作用的同时，我们也必须为成人提供通过游戏学习的机会，我们需要"践行我们的理念"。

伊丽莎白·琼斯（Elizabeth Jones，1997，xi）说："我们并不是因为长大了就不再需要从游戏中学习了。在游戏中学习，促使你积极探索事件的各种可能性，时常保持灵活性，即使出了错，也容易使你保持放松的心态，仍然充满好奇，激励你创造性地思考和解决问题。我们期望幼儿教师们能够以这样的方式教儿童学习，同样，他们也应该这样学习……成人应该享有他们在工作中所必须遵循的发展适宜性教育方式。好的教师是游戏化的，他们不会过于严肃。"在设计教师培训活动时，我

们将这些建议很认真地牢记于心。

我们不认为教师培训只能采取说教的形式，让参加者被动地接受信息。下面的信息(Carter and Curtis，1994，243)也许能帮助我们去准备各种不同的活动。

人们能记住：

他们所读到的 10％；

他们所听到的 20％；

他们所看到的 30％；

他们所听到并看到的 50％；

他们所说出或写下的 70％；

他们一边做一边说出的 90％。

上面的数字令人震惊！以传统的讲座形式开展培训是最为低效的学习方式，但当我们参加一些国家级或州级的学前教育会议时，很吃惊地发现很多会议仍然以这种形式进行。在"做和说"中学，是接受新信息的最有效方式。所以，我们强烈建议教师培训的领导者们做出改变，采取更为积极的学习方式，保证传授的信息能够被教师获得并应用。

我们的确也认识到了使用幻灯片来展示观点的必要性。然而，我们试图将这种展示限制在较短的时间内，以便提供给教师更多的时间去操作所展示的观点。如何操作？通过讨论、尝试、结合自己的个人经验并讲出自己的故事。我们为教师提供机会展示他们个人的思考结果——通过图表、短文、集体展示的方式。我们让他们以小组的形式学习，又提供机会让其回到大组中共同分享经验。我们努力控制教师培训活动的节奏，不仅要保证让教师有充分倾听新理念的机会，同时也要给教师充分发言和操作的机会。所有这些活动都是教师培训中的平行内容。我们非常欣喜地听到有参加者这样评论："我懂得你们在做什么。你们设计的这个培训就像我们给儿童设计的活动一样！"

就像儿童带着多姿多彩的生活经验来到我们面前一样，教师也是这样。他们来参加培训时，也是带着丰富的经验、知识、高水平的技能以及针对培训先入为主的态度。所以，尽管学习过程是相同的，教师却不断地为其注入自己的生活经验，从而使其变得复杂起来。因此，在设计教师培训活动时，我们就必须要考虑到这一点。我们可以让教师以儿童的方式去操作学习材料——但我们也要求他们以成人的方式反思自己的活动。他们可以分析早期学习标准，思考活动中体现了哪些条目。以游戏化的方式对教师进行培训在一定程度上增加了活动的复杂性，同时也要求教师在参加培训的过程中能灵活运用自己的知识和经验。在本书中，我们努力为大家提供各具特色的活动，以向大家展示这些平行化的过程是如何开展的。

五、照顾到不同的学习风格和经验

我们看到，成人和儿童一样，具有各自不同的学习方式。学习的过程，反映了一个人的文化、生活背景以及个性特征。加德纳（Howard Gardner）的研究了一个理解人们不同学习方式的理论框架，他的多元智能理论指出，人具有如下多方面的智能：

- 内省智能——认识到自己的情绪如何影响行为。
- 人际智能——认识和理解他人的心情、意图和情绪。
- 言语智能——理解语言的功能，对语言中的声音和节奏比较敏感。
- 逻辑—数理智能——能够看到和理解数字及逻辑规律。
- 空间智能——能够观察空间，并能依据自己的观察结果进行再创造。
- 音乐智能——欣赏音乐所表达的内容。
- 身体—动觉智能——运用自己的身体表达自己。
- 自然智能——理解和运用个人与自然的关系。（Gardner，1983）

了解人所具有的多元智能，能让我们理解人是如何按照对自己来说最有意义的方式获取信息的。不幸的是，在很多教育机构中，备受关注的是逻辑—数理智能和言语智能。如果一个人在这两个方面的能力没有那么强，就可能无法很成功地学习。如果我们将加德纳的理论和教师培训活动结合起来，提供多种学习方式，就能够为每位参加者提供机会，让他们最大限度地发挥学习潜力。

我们设计的教师培训活动要尽可能多地涉及加德纳提出的各种智能。言语智能可以通过多种方法体现，包括语言表述、幻灯片展示、发放学习材料等。在幻灯片和学习材料中列出学习内容的关键点，照顾到了逻辑—数理智能。我们组织教师进行小组讨论或两三个人的小规模讨论，体现了对人际关系智能的重视。我们给教师以多种多样的形式展示其讨论结果和观点的机会，如绘画、贴海报、图表、写诗、说唱、舞蹈、歌唱、表扬等形式。

文化和个性也会影响到学习风格。很多人在小组讨论中、在小组成员思想和观点的碰撞中学到的知识最为深刻。很多人可能因为害羞或不善言谈而不喜欢在大组中发言，但有的人喜欢。有些人可能喜欢做观察者和倾听者，接收信息并加以思考，或者可能受到文化期待和经验的影响，或者一些人可能不适应具有复杂文化背景的群体。这些个体差异既包括学习风格方面的，也包括个人的喜好与习惯，我们应当设计多种多样的学习活动来照顾这些差异。我们努力在大组活动和小组活动中寻求平衡，保证所有参加者都有机会表达自己的观点。同样，我们也尽力考虑文化和语言的相关问题。

教师专业发展阶段也是我们应该考虑的因素。我们在设计教师培训活动时，总是会考虑到我们的培训对象既有刚接触这一行的新手，也有具有多年经验的成熟教师，所以我们安排的活动应该能够照顾到不同阶段教师的需要。玛丽·诺兰(Mary Nolan，2007)提出了如下一些发展阶段，并针对每个阶段的学习需求提出了建议：

● 生存——新教师的发展阶段，通常是指刚参加工作的第一年。在面对日常工作中的挑战时，他们经常会感到自己能力不够、准备不足。

● 巩固——该阶段通常是指工作的第二年或第三年。教师开始感觉自己具有了应付日常工作的能力，掌握了一些教学技能。

● 更新——教师在工作的第四年至第六年，开始感觉需要尝试一些新的教学方法。他们乐于采纳新理念，并利用参加会议以及和同事讨论的机会进行学习。

● 成熟——通常在第七年及以后，成熟的教师对自我以及专业角色具有较高水平的理解，开始学习一些更为高级的知识。

另外，丽莲·凯兹(Lilian Katz)指出了各个发展阶段最普遍的学习需求。越是在职业早期阶段，对教师的现场指导就越重要。在职业后期阶段，持续的学习和教师培训活动具有更为重要的意义。表 3-1 描述了这些需求。

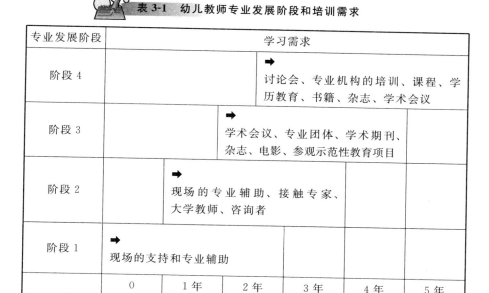

表 3-1　幼儿教师专业发展阶段和培训需求

专业发展阶段	学习需求				
阶段 4				➡ 讨论会、专业机构的培训、课程、学历教育、书籍、杂志、学术会议	
阶段 3			➡ 学术会议、专业团体、学术期刊、杂志、电影、参观示范性教育项目		
阶段 2		➡ 现场的专业辅助、接触专家、大学教师、咨询者			
阶段 1	➡ 现场的支持和专业辅助				
	0　　1 年	2 年	3 年	4 年	5 年

(Katz，Lilian. 2005. The developmental stages of teachers. Http://ceep. crc. uiuc. edu/pubs/katz-dev-stages. html. Reprinted with permission)

六、提供持续不断的学习机会

教师需要时间去尝试新的理念。我们应该给他们犯错误并从错误中学习的机会。有时候，担心犯错的心态会成为一种阻碍。我们相信每位教师都会对自己抱有很高的期待，但可能就是由于怕自己做不到完美或怕被别人指责而不愿去尝试新的东西。我们鼓励教师并让他们明白，刚开始尝试时，做不到完美是没有关系的。之后的培训活动，我们会注意回顾教师的成功之处以及遇到的挑战。我们发现这种先在一起学习新东西，然后走进教室尝试，再回来一起讨论并想出解决问题的办法的做法能够最有效地帮助教师取得进步。这个做法也强调了反思的重要性：我们需要花一些时间去思考新的活动、新的理念是如何发挥作用的，并能够针对其所存在的问题做出相应调整。

在培训中，教师可以使用视频和日常儿童活动案例，为其提供尝试新理念的机会。本书第四章到第七章的很多活动都有相关的视频和案例。

但最有价值的是教师就自己的经验进行讨论。如果你在培训中营造了信任的氛围，那么参加培训的每一个人就都能够从交流中受益。

(一)将新的理念运用于实践

我们相信，通过多种形式的教师培训活动，并在以后持续配合在教室中的实际指导，是最有效的学习方式。我们参加过一些由既有知识又有活力的人主持的工作坊，参加之后会觉得自己充满了热情，想要将所学到的新东西用到工作当中去。但事实上，当我们回到日常工作中时，会发现实施新的东西很难。照搬他人的知识经验，不如以多样的学习方式获得的经验持久。教师需要和别人一起去实施新的理念和策略。提供个别化的指导，有助于照顾到教师的个体需求。指导者和教师一同决定如何实施，这就是本书第 19 页所提到的"权力与个体相伴"的权力运行模式。

走到教室当中去指导教师的实践，能帮助你满足每位教师的特定需求，照顾到他(她)的个性特征和教学特色。这种方式能鼓励教师展示自己是如何尝试所学到的新东西，同时也给了你去观察教师在面对特定的儿童、教室环境、常规时所遇到的困难的机会。你不仅可以观察，而且可以对不同的方法进行示范和演示。

我们发现，最好能进行 40 分钟到 1 个小时的观察，然后和教师一起进行至少 30 分钟的反思和讨论。你可能无法做到在每次观察后马上和教师讨论，如果真是这样，就尽早安排讨论时间。我们发现在观察后马上给教师一些积极的反馈，有助于减轻他们的焦虑。例如，简单地说一些类似于"我在你的教室里感觉很开心的话"会很有效。

(二)另一双眼睛——在指导中进行记录

我们发现在教室中进行指导是项困难的工作，很容易陷入"专家"的角色中而去告诉教师要如何去做。我们可以告诉别人如何做事，但是只有他们自己建构的知识才能被真正理解。为此，对你所观察的儿童(而非你所指导的教师)进行记录是一种有效的技巧。我们将儿童的行为及对儿童的评价记录下来，教师也可以将我们的记录当作自己的观察评价档案使用。这样既为教师提供了另一双眼睛和耳朵，也为之后的讨论和反思提供了材料。另外，我们也可以用写故事的方法记录孩子们的游戏过程，可以是儿童自发的假扮游戏，也可以是他们用橡皮泥捏的东西。儿童喜欢看到自己的名字被印成铅字，爱听大人读关于自己的故事。他们常常会跑去请教师和他一起分享自己的故事，教师也可以趁机赞扬和支持儿童的活动。这样的活动，也为教师提供了示范，使他们了解如何将儿童的经验提升到更高的层次——用文字来展示儿童的活动，并与大家分享。有些指导者会给儿童拍照片，并和写下的故事张贴在一起。这种做法同样也为教师示范了记录、评价和展示儿童学习结果的方法。

七、在培训中插入反思的时间

在学习中时常进行反思是非常重要的，我们在教师培训活动中会安排这种反思活动。反思能帮助人们理解和掌握新的信息、策略和技巧，并以各自不同的方式进行有意义的建构。反思过程就是将新的知识和个人已有经验相融合的过程。

在工作坊的最后阶段，我们会问参加者们这样的问题：

- 你学到了哪些东西？
- 有哪些东西你没有学好？
- 你在将来的实践中会去尝试些什么东西？
- 你有没有什么担忧或问题？
- 针对你的担忧或问题，你需要什么样的工具和支持？
- 你有什么想告诉我们的吗？

你可以提出其他问题，帮助教师反思自己在培训中的收获。

除了回答这样的问题以外，还可以通过个人学习日志，与同伴、指导者共同讨论等形式进行反思。学习日志为教师提供了思考和反思自己学习进程的机会。写个人日志需要花费时间，但是我们认为如果想让教师能真正发生持久的变化，这是非常重要且必须要进行的步骤。

在个人日志中，教师也可以回答前文所列的问题，比如每周或每个月都回答一次。之后，教师和指导者可以对其先前的回答予以比较，让教师清楚地看到自己的进步。

反思也可以在教室观察之后的简短总结中进行，指导者可以提出一些激发教师思考的问题，促使其反思实施新活动和新理念的做法。我们通常以"告诉我_____"这样的简单对话开始，然后在教师发言的基础上进行讨论。另一种反思的方式是，教师定期与同伴碰面，共同反思自己实施新理念和新活动的过程。

促进者与评价者的角色区别

为了有效地参与到反思过程中，指导者需要保证自己发挥促进者而不是评价者的角色。如果你作为一个机构管理者需要评估你的教师，就必须对自己的角色进行很好的定位。玛吉·卡特儿（Margie Carter，1993，52）就如何发挥促进者的角色提出了如下建议：

- 进入教室后将关注点放在儿童而不是教师身上。
- 对儿童的游戏感兴趣，当儿童进行游戏时主动和教师讨论。
- 在整个教育机构中"宣传"自己的观察结果（通过记录、素描、拍照、录音和录像等各种形式）。
- 观察并指出能够支持儿童游戏的环境因素。
- 观察并指出教师哪些行为能鼓励和维持儿童的游戏活动——抓住教师们的"闪光点"。

八、寻求支持

我们意识到作为教师培训的领导者，你的工作无论是在专业层面还是在个人层面都是艰巨的。在为教师设计周密而有效的学习计划时，你也必须学会对自己的工作进行反思。琼斯（Jones，1997）谈到，作为教师培训的领导者，我们的焦虑感会潜在地降低自己发现别人的焦虑感的能力。我们在关注培训者的感受时，也必须关注自己的感受。

在工作中，我们经常会问教师一些反思性的问题，以确定培训的效果。我们觉得花一些时间和同为培训领导者的同事们一起反问自己类似的问题，也是非常重要的。不管我们做何种类型的演讲或指导，都应该问自己这样的问题：

- 从我的视角看，哪些方面做得好？
- 哪些方面做得不太好？
- 接受培训的教师处于何种水平？
- 接受培训的教师的肢体语言表达了什么信息？
- 下一次我可以作出哪些改变？

　　有一个可以交谈的同事很重要。我们已经从事教师培训工作很多年，我们的成功和满足感的一个来源就是同事之间的相互支持，如果我们要继续从事这项事业，这种支持仍然不可或缺。我们强烈地建议你建立和同事们的关系网。交流不一定是面对面的，我们分别住在不同的州（印第安纳和蒙大拿），在大西洋橡树学院网络授课时才见面。但是我们作为同事和朋友，保持着非常好的关系。即使在不同的项目中工作，我们也能为对方提供持续不断的支持，重要的是要建立起相互紧密相连的感觉。我们鼓励你在从事这项重要事业的时候，也建立这样的支持性网络。

　　因此，你需要为自己考虑下列问题：

- 自己哪些方面做得好？
- 哪些方面做得不太好？
- 将来要做哪些改变？
- 最后一点，也可能是最重要的一点，为了做到最好，我需要谁的、哪些支持？

　　在下一章中，我们将讨论实施课程的最佳方式，向教师提供能帮助他们改变教学方式的培训活动。

参考资料

Boeree，George C. Abraham Maslow 1908-1970. Accessed August 16，2007，at www. ship. edu/～cgboeree.

Carter，Margie. 1993. Catching teachers "being good"：Using observation to communicate. In *Growing teachers*：*Partnerships in staff development*，ed.

Elizabeth Jones，35-53. Washington，D. C. ：NAEYC.

Carter，Margie，and Deb Curtis. 1994. *Training teachers*：*A harvest of theory and practice*. St. Paul：Redleaf Press.

Gardner，Howard. 1983. *Frames of mind*：*The theory of multiple intelligences*. New York：Basic Books.

Jones，Elizabeth. 1997. *Teaching adults*：*An active learning ap-*

proach. Washington，D. C.：NAEYC.

Katz，Lilian G. The developmental stages of teachers. Accessed May 14，2007，at http：//ceep. crc. uiuc. edu/pubs/katz-dev-stages. html.

Maslow，Abraham H. 1962. *Toward a psychology of being*. New York：Van Norstrand Reinhold.

Maslow，Abraham H. 1970. *Motivation and personality*. New York：Harper and Row.

Morgan，Christina. 1983. Journal of a day care administrator. In *Administration*：*A bedside guide*，ed. Sharon Stine，11-14. Pasadena，Calif.：Pacific Oaks College.

Nolan，Mary. 2007. *Mentor coaching and leadership*. Clifton Park，N. Y.：Thompson Delmar Learning.

Trook，Eve. 1983. Understanding teachers' uses of power：A role-playing activity. In *On the growing edge*：*Notes by college teachers making changes*，ed. Elizabeth Jones，15-22. Pasadena，Calif.：Pacific Oaks College.

第四章　帮助教师以最适合幼儿的方式教学

通常，学前教育工作者们和管理者们认为，随着考责制和早期学习标准的推行，教学方式也要做彻底的改变，教师主导的活动将要超越儿童主动的活动而成为主要形式。要想将早期学习标准融入儿童的游戏和探索活动中，融入进日常生活常规以及大、小组活动中，则需要教师进行认真而周详的计划。一些高质量的教育机构已经为我们证明了，这一点是能够做到的。在本章中，我们将提供一些与以游戏为基础的教学相关的教师培训活动。在第五章中，我们还将提供一些有利于帮助教师将早期学习标准和幼儿课程计划及实施相结合的培训活动。

一、幼儿课程的复杂性

有一些政策制定者和学者提出，要将早期学习的结果进行标准化的评量，实施"可评量"的、固定不变的、教师主导的教学。他们如此倡导的原因是为幼儿设计和实施发展适宜性的课程是件复杂的工作。这种以儿童为中心的课程要求教师不断地进行决策和调整，以满足儿童的参与水平。这种课程的复杂性引发了如下四个问题：

● 难以界定何时发生了学习。

● 教育幼儿意味着要设计和使用多种策略，在促进幼儿学习的过程中承担多种角色。

● 对儿童学习成果的评价不能仅仅局限于评量其所获知识的多少，更要考虑儿童在有意义、值得关注的活动中的参与水平。

● 评价的过程和课程的实施是相伴而生的，教学的过程同时也是学习过程的反映。

除上述特征以外，全美幼教协会更为明确地提出了认证课程的标准（NAEYC，2006）。下面是一些课程认证的原则：

能够引发教师研究兴趣的课程，可以帮助教师建立重要的概念和技能，寻找促进儿童学习和发展的有效方法。一种能清晰地表述出来的课程，与教师儿童个体知识相结合，能引导教师为儿童提供在多个发展和学习领域中成长的经验。课程还能确保教师在设计日常活动中的目的性，通过有效利用时间、使用游戏材料、激励儿童自主学习、创造性地表达自我，最大限度地促进儿童的学习。另外，课程还能为儿童提供符合其发展需要和兴趣的个别化、集体化的学习机会。

一些教师和管理者担心，如果没有按照这些要求采用一套清晰、明确的课程，会影响未来获得认证的机会。我们认为，学前教育课程是可以清晰地表述出来的，这样教师就能看到自己的教育活动在多大程度上体现了学前教育的灵活性、复杂性，又在多大程度上符合了认证的标准。在本章中，我们将考察学前教育课程的诸多方面，提供涉及如下问题的4个教师培训活动（从活动1到活动4）：

● 将游戏和日常生活活动作为幼儿学习主要方式的适当性。
● 支持儿童参与和学习的适当教学策略。

我们将在后文中具体介绍每一种教师培训活动。对于其中一些活动，我们还会提供相关学习材料或案例。这些学习材料和案例可在附录A和附录B中找到。

在第八章，我们将考查教师抵触变革的种种表现，我们将提供一些指导策略，帮你应对这些抵触行为，并鼓励教师接受新的课程理念。

二、通过游戏和日常生活学习

长期以来，学前教育界一直认为儿童是通过游戏和探索活动学习的，这一观点得到了大量研究的支持。在附录 D 中，我们附上了德洛丽丝·斯泰格林(Dolores Stegelin)的一篇文章，文中她引用了大量的研究，强调童年期间游戏的重要性。如果你需要向他人解释游戏化学习方式的重要性和有效性，可以利用这篇文章当中引用的研究。

针对幼儿课程内容进行教师培训时，你应该提醒他们：当儿童游戏、探索时，他们是在学习知识和技能。他们可能是在运用和提升自己学到的东西，例如，用小手捏起塑料积木训练小肌肉群、运用空间想象能力拼图。在用积木堆宝塔时，在和玩伴协商假扮游戏里的台词时，他们是在练习问题解决的技能。这些活动是学前教育课程的核心组成部分，而教师的直接教学对学习来说并不是必需的。教师的主要工作在于创设环境。他(她)需要为儿童提供材料，提供可供选择的主题，当儿童有需要时，教师需及时地给予帮助和支持。但是他(她)并不需要直接告诉儿童应该怎么做，也不必直接干预儿童的学习过程。教师所要做的是为儿童的学习创造各种可能。

你也应该帮助教师意识到，日常生活活动也是课程的一部分。在吃点心和就餐时、洗手和如厕时、入园和离园时、活动之间转换时，都是他们学习的机会。比如，儿童在盥洗室洗手时有可能练习识字技能。他们认识"H"代表热水(hot)，"C"代表冷水(cold)，或者区别"女孩"或"男孩"的标志。他们学习遵循一系列步骤，打肥皂、搓手、冲水、擦手。他们相互交谈，发展口头语言能力。他们学习自己扣扣子，这不仅锻炼了小肌肉动作，还增强了他们的独立性和自理能力。

如果将课程的定义理解得过窄，就很难囊括儿童在游戏和日常生活活动中的学习。出版商出版了一些成套的课程，包括系列书籍、操作材料、教师手册，以及整个学年的上课计划。有些成套课程，还写出了教师和儿童互动时要说的话。这些预设的计划和台词，能够为学习的起步提供帮助，但是在实施过程中，为了照顾到每个儿童的需要以及每个班级的特殊性，则必须对其加以审慎对待。如果教师在使用时不做任何调整，任何成套的预设课程都不可能满足儿童各式各样的学习风格、性情特点，也不可能体现教育机构的独特性和家庭、社区的差异性。

此外，被广泛采用的以儿童为中心的课程框架，如创造性课程(Creative Curriculum)、高瞻课程(High/Scope Curriculum)、项目教学法(Project Approach)、瑞吉欧·艾米利亚项目课程(Reggio Emilia approach)等，其共同的特点是超越了固定的活动模式。这些课程框架和方法注重更为开放的教学形式，强调基于儿童的兴趣创设环境。他们认识到儿童在学习中会带有自己的背景和特征，从而影响着教师的决策。在促进儿童游戏、生活和学习方面，成套的课程不如开放式的课程框架做得好。无论你使用何种课程，都应当意识到并关注儿童不同的学习需要、学习风格和进度。这进一步增加了实施早期学习标准的复杂性。

三、教学的含义及教学策略的实施

应当提醒教师，教学可以采用多种形式。除了在日常生活和幼儿学习环境中创造学习机会之外，还有很多其他的机会实施教学。例如，教师可以做如下工作：

● 促进儿童之间以及与成人之间的互动。

● 通过交谈活动帮助儿童增加新词汇，指导其规划自己的活动，增进儿童的学习。

● 当儿童完成某项任务或想到新点子时，给予肯定和赞赏。

● 改变儿童的活动方向，使他们能继续从中有所收获。

● 当儿童无法独立完成时，为其提供帮助，为他们的学习提供支架（scaffolding）。

● 在儿童感兴趣的主题上，设计适合儿童深入研究的项目。

对幼儿的教学方式远远超出了直接教学的范畴。学前教育工作者们必须充分利用和儿童在一起的每一分钟，有目的、有意识地激发儿童的学习潜能。

当儿童进行探索活动或日常生活活动时，教师所做的事情与主持小组或大组活动时所做的事情看起来非常不同。无论运用哪一套课程，教师都有广泛的选择范围，可以采用从非干预式的支持和鼓励到直接教学的各种教学形式。图4-1选自《开发潜能：对幼儿适宜的课程和评价》（*Reaching Potentials：Appropriate Curriculum and Assessment for Young Children*，Vol.1，Bredekamp and Rosegrant，1992）一书，被有的人在选择教学策略时用作参考。该图显示了儿童的参与程度与教学策略之间的关系。注意，教师的主导性越强，儿童就越被动。在童年的早期，儿童在积极的参与中学得最好。因此，为了使课程收到成效，应当减少直接教学的比重。

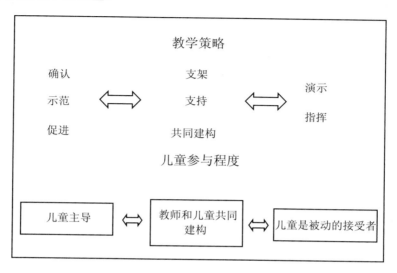

图 4-1　教学连续体(Teaching Continuum)

　　在一天的诸多学习情境中，教师必须弄清楚最适宜的介入程度。教师要作出即时的决策，进行尝试，并马上评价教学策略是否能促进儿童学习。如果教师在腰间挂一条胶带，每当要参与和介入儿童活动时就在胶带上做个标记，一天下来能有数百个。在每种情境中，教师都要就最佳教学策略作出决策。

　　在教师培训活动 1"确定教学策略"中，我们建议你使用图 4-1 所示的内容，让教师从自己的教学经验中找出一些案例加以分析。附录 B 中也列出了一些案例可供使用。这些案例也可以帮助教师选择创设活动的方法，以及对儿童的进步和展现出的能力进行评价。请根据自己的目的选择使用这些案例的最佳方式。

教师培训活动 1

确定教学策略

　　目的：考虑在各种情境中最有效的教学策略和介入方式。

　　做什么：参见附录 A 学习材料 1a、1b 和 1c。

　　使用"教学连续体"(见学习材料 1a)，分析教室中发生的情境片段。我们在此提供了一个可供分析的片段(同样见学习材料 1a)，附录 B 中还提供了其他案例。你可能希望使用教师自己在教学中发生的情境片段而不是本书中的案例。让接受培训的教师阅读这些案例或片段，然后组织集体讨论。

案例

扔小熊

教师请3个4岁的男孩把彩色的小熊归类放到圆形收纳盘中。当教师在场的时候，孩子们相互配合着，一边交谈一边归类。五六分钟后，教师离开去另一个活动区了，孩子们的行动变化了。"嗨，"阿莱克说，"咱们看看谁能把小熊扔进收纳盘！"他们把收纳盘放到桌子的另一头，开始朝它扔小熊。开始时大家瞄准了扔，小熊飞到桌子上落在托盘里，有的因为惯性弹到了桌面上。孩子们大笑起来，越扔越起劲儿，笑声越来越大。很快，他们扔的小熊飞越了桌子，落到地板上。他们大声笑着，每当小熊落地，就猛敲桌子或跨过桌子。

集体讨论：请接受培训的教师参考"教学连续体"，找出在上述情境中最能充分地增进儿童学习的教学策略。教师可能会意识到，基于儿童的表现，可以采用多种不同的策略。讨论可以以"教师应当提供多大程度的干预，以使这些男孩重新返回小熊归类活动中"为主题。

如下是一些教师可能的选择。要基于教师的目标和孩子们反应的不同，作出适当的选择（在学习材料1c中也提供了这些选择方案）。

如果目标是确保安全，教师可以采取促进策略：走向他们，提醒他们别弄坏东西，不要互相伤到。教师站在旁边，让他们轻一些扔。

如果目标是维护儿童的兴趣和保证安全，教师可以提供示范：走向他们，提醒他们别弄坏东西，不要互相伤到。和他们一起坐下来，提出建议，告诉他们如何才能瞄得更准、扔得更轻柔，好让小熊落到收纳盘里。你可以说："如果你轻一点扔小熊会怎么样？会落在收纳盘里吗？我们是不是应该把收纳盘放得近一点？或者是不是可以把它放到地板上，然后站着往里扔？我们怎样才能做得更安全些呢？"

如果目标是扩展儿童的活动，教师可以提供支架和支持：走到孩

子们面前问他们："这个收纳盘能装多少只小熊？我们要不要数数看？"当孩子们平静下来，认真地瞄准时，你可以引入比扔东西更高的目标："我想知道你们能丢或者轻轻地往收纳盘里扔多少只小熊。"留下来帮孩子们数并走近观察，看他们是否按照你引导的方向去玩这个游戏，是否真的平静了下来。

四、让儿童参与到活动中来

找到那些能够成功地吸引儿童参与的活动具有什么特征，是另一种提高课程有效性的方法。教师培训活动2"让儿童参与到活动中来"，会给你一些关于和教师探讨儿童参与问题的建议。

教师培训活动 2

让儿童参与到活动中来

目的：帮助教师找到儿童积极参与活动的特征、表情、语言，以及学习如何评估儿童对活动的参与度。

做什么：参见附录 A 学习材料 1a、1c。

如果目标是打断他们的活动，因为他们无法平静下来，教师可以直接管理：介绍几种其他的归类方式。"我们不要再扔小熊了，因为这样不安全。我担心收纳盘会被打碎，或者小熊会砸到其他的小朋友。"然后向他们建议尝试几种其他的做法。"咱们坐到桌子旁边去归类吧，要按照大小归类，还是按照颜色归类？我看到有小的熊、中等的熊，还有大的熊。我还看到它们有各种不同的颜色。咱们应该怎么归类呢？"和孩子们待在一起，让他们按照这个方向做下去，并为他们的归类活动提供帮助。靠近观察，看他们是否按照这个方向做下去，是否真的平静了下来。

如果目标是丰富儿童的经验，延伸出更长时间的活动，教师可以选择共同建构：向他们提出挑战性的任务。在归类活动中，下一步的目标是创造出模式。可以示范一个简单的模式，按照颜色或大小两个两个地依次摆放小熊。在摆放出你的模式后，跟孩子说："我要挑战一

39

下你们！你们能说出我接下来要放什么样的小熊吗？你能看出它们的颜色和大小是怎么重复的吗？你们能摆出一个像我这样的队伍来吗？"这样，就调动了孩子们的认知和积极性，使他们进入了更高水平的思考和运用知识的层次。

在小组中，让教师列出他们如何判断幼儿是否积极地参与到了活动之中。所列的内容可以包括：

● 儿童在以富有成效的方式操作学习材料。

● 他们在相当长的时间内都将注意力集中于任务之上。

● 他们的眼睛发亮，整体上看起来很开心、享受或满足。

● 他们能想出新的主意。

● 他们会主动地和他人交流信息或自己的想法。

● 他们将所从事的活动和自己已有的经验结合起来，显示出该活动对他们来说具有意义。

你可能要先列出一些类似的东西，然后让教师在此基础上添加。

集体讨论：让大家分享自己所列出的东西，举一些在自己的教室中发生的例子来对自己所列出的特征予以说明。在分析过程中，你可能会注意到教师提出了很多相似的特征。教师在分享这些成功的记忆时，可能会面带着微笑，眼睛散发出光芒。

然后，请教师说出在这些成功地吸引了孩子们的活动中所使用的教学策略。让大家讨论是什么促进和维护了儿童的参与度。然后记下这些策略落在"教学连续体"（见学习材料 1a）的哪个区域。很可能，这些策略会落入左边和中间的区域，也就是说，儿童进行的活动是自主的，与教师的关系是合作性的。

五、在教师主导的和儿童自主的活动之间达到平衡

课程的目的在于让儿童积极地参与其中，让他们付出努力、完成任务、回顾自己之前的学习、敢于学习新的东西。这个目的能否成功达到，取决于教师的教学策略。幼儿有以自我为中心的特征并且有旺盛的精力，

他们喜欢由自己来选择参加什么活动。但是他们仍然需要成人的引导，以保证其主动性的发挥能带来积极的、富有成效的效果。伊丽莎白·琼斯（Elizabeth Jones）和格雷琴·瑞诺兹（Gretchen Reynolds）（1992，1）认为："幼儿不是通过倾听学到最重要的东西，而是通过与物质环境和同伴之间的互动来建构自己的知识——他们建构的方式就是游戏。"在儿童主导和成人引导之间找到平衡是个挑战。我们的目标是促进儿童的参与，而不是让活动变得没有秩序、失去控制、

图 4-2

发生冲突或是浪费时间、精力和学习材料。如果一名教师要有意识地促进儿童的学习，并将早期学习标准融入其中，就需要找到儿童主导与教师引导之间的平衡，并努力使儿童主导占据更大的分量。

为了帮助教师能更深入地思考这个有关平衡的问题，教师培训活动3"吸气、呼气"为教师提供了一些建议，应帮助其分析日常的活动安排，找到调整办法，让教师主导的活动所占用的时间远少于儿童自主活动的时间。

教师培训活动 3

吸气、呼气

目的：考查活动中儿童参与的主动性和被动性，分析日常的活动安排，找到二者之间的平衡。

做什么：参见附录 A 学习材料 2a 和 2b。

和大家一起预读西尔维娅·阿什顿—华纳（Sylvia Ashton-Warner，1963）所说的：在你让儿童"吸气"之前，他们需要先"呼气"（参见学习材料 2a）。"呼气"的意思是以各种方式表达自己：说话、运动、创造、舞蹈、唱歌、搭建、画画或书写。儿童是积极的，占据主导者和领导者的地位，应帮助其学会以某种方式表达自己的感受、思考、主意和经验。而"吸气"则是较为被动的，如儿童接收信息、倾听、观察、思考。

让教师评论学习材料 2b 中的日常活动安排，回顾自己的日常活动安排，然后进行分析。

集体讨论：讨论日常活动安排中能看到哪些让儿童"吸气"和"呼气"

的活动。问这样的问题："在要求儿童安静倾听之前，是否允许儿童在活动和交谈中表达自己？"如果教师反映自己组织的大、小组活动很困难，儿童不能集中注意力，其原因很可能就是儿童在集体活动之前没有得到足够"呼气"的机会。讨论可以以"日常活动安排应进行哪些调整"为主题，甚至可以深入讨论在组织集体活动时，其形式应该可以做哪些调整。

六、维护儿童的游戏活动

让教师讨论如何维护儿童的游戏活动是有益的。琼斯和瑞诺兹（Jones and Reynolds，1992）指出，为了充分利用儿童的游戏活动及其自主性，教师必须设法维护而不是干扰它。他们提出，出于安全的考虑（或者其他可能的原因），有时候教师不得不打断儿童的游戏。但是，他们提醒教师一定要考虑好打断游戏的方式。他们借用了伊芙·特罗克（Eve Trook）的理论，建议教师不要通过"权力压制个体"的方式打断游戏，而是要采用"权力为个体服务"和"权力与个体相伴"的方式——当涉及安全问题时，权力压制个体的方式是可取的、必要的……但是这种方式忽视和干扰了游戏。有效的促进方式——权力与个体相伴的方式考虑到了游戏的内容和节奏，即使可能导致冲突也不会漠视幼儿的游戏权。（Jones and Reynolds，1992，50）教师如何才能知道自己的教学策略或介入是干扰了儿童的游戏，还是维护了儿童的游戏呢？如果儿童在教师介入后继续将注意力集中于游戏，并对其进行了扩展，就说明教师介入没有对其造成干扰。儿童参与的积极性会从他们闪光的眼睛中、快乐的表情中和对手头任务的关注中体现出来。

当你心存疑虑时，信任儿童的游戏吧。这是儿童的课程。散乱无章、没有意义的游戏可能需要你努力集中幼儿的注意力，但集中的、复杂的游戏无需成人的干预……无论出于何种理由干预游戏，成人都太心急了，从而忽视了儿童游戏的目标。"慢下来"，是要牢记在心的一条建议。我们对儿童的催促，实际上是一种剥夺。只有我们关注儿童在游戏中的表现，才能最好地了解他们，帮助他们学习最多的东西。（Jones and Reynolds，1992，56）

在教师培训活动4"何时维护、何时打断"中谈及了该问题。

教师培训活动 4

何时维护、何时打断

目的：判断教师和儿童的互动哪些维护了儿童的参与度、哪些干扰了儿童的活动。

做什么：参见附录 A 学习材料 3。

让教师阅读下面的两个场景（在学习材料 3 中也可以找到），判断教师是维护了儿童的游戏还是干扰了儿童的游戏。

场景 1

　　三个男孩和一个女孩（都是 4 岁）在角色游戏区域玩，他们把围巾绕在背上，称之为"魔术披肩"。他们的老师丹尼斯女士帮助他们把围巾系好，问："这些围巾有什么魔力？"雅各布回答道："它们能带我们飞！"然后大笑着围着教室跑了起来。艾力和路易斯跟着他，互相碰撞着，而亚丽杭德拉看起来很安静。丹尼斯女士说："如果你们几个男孩不安静下来，我就得把围巾拿走了。你们为什么不来这儿和亚丽杭德拉玩呢？我知道了！你们的魔术披肩能变成魔术厨师帽，帮你做出一顿大餐！"男孩子们继续跑着，而亚丽杭德拉仍然待在原来的位置。

场景 2

　　几个三四岁的孩子坐在桌子旁玩乐高德宝（Duplo）。罗比和布莱斯说他们在做喷气式战斗机，然后拿做好的战斗机互相碰撞，摧毁掉，大声笑着。接着，他们拿起战斗机的残骸重新拼接。拉克尔老师坐下来说："嗨，告诉我你们在干什么？你们拼的是什么？"简妮说："我在建房子。"拉克尔问道："门在哪儿呢？哦，在这儿。谁住在你的房子里啊，简妮？"当他和简妮对话时，罗比和布莱斯又在拿战斗机互撞。拉克尔说："哦，你们的战斗机一撞就碎了！我想知道是不是有办法把它们拼得更结实点。要知道，造飞机的人必须要非常努力地工作才能让飞机更安全。你们怎样才能使自己的飞机更安全一些呢？"拉克尔帮助男孩子们选择拼接飞机的材料，然后在不把飞机撞毁的情况下，测试这些材料是否连接得紧密、牢固。她解释说如果每次测试都要撞毁飞机的话就太费钱了，工程师必须用其他的方法去测试。然后她建议孩子们给不同的设计拍照，这样就能把这些设计记下来，并且能展示给别人看。桌子边的每个儿童都开始拼插，并且请她给自己的东西拍照。他们开始对拼插活动非常感兴趣，互相撞击的活动随之消失了。

集体讨论：请教师谈论对两个场景的看法。如果教师认为场景中的教师干扰了儿童的游戏，那就继续讨论接下来应该怎么做，是要把儿童的注意力吸引回来，还是给他们提供一些更愿意参与的活动？

让教师集体讨论介入儿童游戏的策略后，请他们分成小组（每组不要超过 4 个人），设计两个角色游戏：一个游戏展示教师干扰儿童游戏的场景；另一个展示教师维护儿童游戏的场景。然后，让各组进行表演，让大家说出在表演场景中教师都使用了什么策略，并讨论这些策略是否能够帮助儿童积极地参与到游戏之中。

本章的四个教师培训活动，目的在于帮助教师能有意识地去思考关于"以游戏为基础的课程""儿童参与游戏的行为表现""有效教学策略"等方面的问题。下一章所提供的教师培训活动，主要会涉及如"如何把课程与早期学习标准相结合"等方面的问题。

参考资料

Ashton-Warner, Sylvia. 1963. *Teacher*. New York: Simon & Schuster.

Bredekamp, Sue, and Teresa Rosegrant, eds. 1992. *Reaching potentials: Appropriate curriculum and assessment for young children*, vol. 1. Washington, D. C.: NAEYC.

Jones, Elizabeth, and Gretchen Reynolds. 1992. *The play's the thing: Teachers' roles in children's play*. New York: Teachers College Press.

NAEYC Early Childhood Program Standards. Standard 2: NAEYC Accreditation Criteria for Curriculum. 2006. Accessed May 28, 2007, at www. naeyc. org/academy/standards/standard2/.

Stegelin, Dolores A. 2005. Making the case for play policy: Research-based reasons to support play-based environments. *Young Children* 60(2): 76-85.

第五章　课程与早期学习标准的整合

与早期学习标准相结合，使得实施幼儿教育课程变得更复杂了。随着各州普遍要求以学习标准来衡量幼儿的学习，教师正在努力寻找有效的策略，力图做到在以游戏为基础的课程中实施学习标准。

这是一个深思熟虑的过程。只有通过不断的观察和评价，才能确定有效的教学策略。课程和评价是不能割裂的。图 5-1 的循环展示了课程与评价的整合。

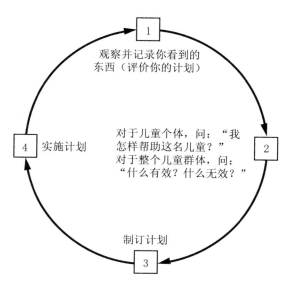

图 5-1　评价与教学过程

　　这个循环图能帮助教师认识幼儿教育过程的持续性和动态性。教师将问题铭记于心，并在实施教育过程中想到这些问题，以更好地帮助其深入思考这个循环过程，反思自己的教学实践。在教室现场观察后召开反思会，讨论观察到的内容和下一步的建议、计划。结合早期学习标准进行讨论，将会使大家的对话更为丰富和深入。本章中，我们提供8个关于将课程与早期学习标准相融合的教师培训活动（活动5至活动12）。对于其中的一些活动，我们还提供了学习材料或案例。学习材料和案例可以在附录A和附录B中找到。

　　当教师考虑将早期学习标准和活动（无论是以儿童为中心的活动、日常生活活动，还是教师主导的集体活动）相结合时，他们有两个选择：

● 他们可以观察活动并思考：该活动中自发地体现了哪些学习标准？

● 他们可以在设计活动时，自觉地将特定的学习标准糅合进来。

一、自发的整合与自觉的整合

　　自发的整合方式需要熟悉早期学习标准，并有时间思考幼儿的活动。教师们可以记录下儿童的角色游戏以及拼图等活动，这样就能记住每个儿童做了什么。同事之间的讨论可以集中在每个人当天对儿童的观察上。然后，教师判定在全天的活动当中体现了哪些早期学习标准。这种自发的整合方式，要求教师必须具有开放的心态和既定的目标，去观察儿童的所知和所做。

　　如果是自觉地将早期学习标准整合进课程，教师在设计活动时就要留意学习标准，要有意识地选择学习材料，清楚地确定活动目标。活动不一定必须是教师主导的，它仍然可以以儿童为中心，成人通过提问或提供支持使其靠近学习标准的要求。当教师反思儿童参与活动的情况时，可以问自己如下问题：

● 针对特定的早期学习标准，儿童表现出了哪些进步？

● 如果进步不明显，那么儿童参与活动的方向是否与预想的不一致？

● 如果是这样，活动中是否体现了其他的学习标准？体现了哪一条标准？

即使教师有意识地整合早期学习标准，也总是会有一些意料之外的、自发出现的结果。有自觉整合的态度，并对活动中可能发生的偏离保持开放的心态，需要教师具有很高的灵活性。同时也要求教师熟悉所有领域的早期学习标准，才能意识到活动中所包含的计划之外的学习标准。

我们发现，设计一个教师培训活动让教师玩开放性的学习材料，有助于他们学习早期学习标准是如何自发地体现在儿童游戏中的。在教师培训活动5"找出自发游戏中的早期学习标准"中，我们改编了全美幼教协会"游戏、政策和实践核心会议（Play，Policy，and Practice Caucus）"中提供的工作坊信息。以我们的经验，参与者们往往对自己在游戏中能学到的东西感到惊讶。这种活动就是在第三章中我们所说的"平行性内容"的一个例证：向教师示范什么是发展适宜性实践。

教师培训活动 5

找出自发游戏中的早期学习标准

目的：为教师提供平行性过程的体验——玩学习材料，让他们找出游戏中所包含的早期学习标准。

做什么：分享你在上一章大组讨论中关于那两个场景的想法，如果你觉得教师打断了孩子们的参与，他（她）下一步可能采取什么步骤呢？是调整孩子的行为还是给他们介绍一些更迷人或更吸引他们注意力的东西呢？在不超过 4 人的组中，设置两个角色进行扮演活动：一个演示教师打断孩子们的玩耍；另一个演示教师维持他们的游戏。（你将有大约 10 分钟的时间计划你们的场景）然后，随着大组中每一小组角色扮演的演示，尝试去识别教师正在使用的教学策略，讨论这些策略是否可以帮助孩子们维持游戏。

该活动至少要持续 2 个小时，让教师在活动中进行不间断的游戏，并进行报告。我们使用回收的、开放性的游戏材料（你也可以使用自己的游戏材料）。将游戏材料放到大塑料袋里，让教师去选择。在游戏时间播放轻柔、平静的音乐。

独自游戏：开始时，让教师选择一种游戏材料，安静地独自玩 30 分钟。30 分钟后，让他们在纸上记下自己玩了什么、怎么玩的，然后让大家相互交流自己的游戏经验。

合作游戏：之后，让教师进行合作游戏，两个或两个以上的教师一起玩两种或更多的游戏材料。合作游戏仍然需要 30 分钟时间。

集体讨论： 30 分钟的合作游戏之后，让教师在大组中分享自己在游戏中感悟到的知识经验。例如，他们可能注意到，在比较游戏材料的大小时运用了数学技能；在共同完成一项目标时运用了合作技能。我们建议你将教师分享的内容写在挂图板上，然后让大家参看本州的早期学习标准，找出哪些标准涉及了他们在游戏中体验到的学习内容。

在课程实施过程中，教师能够同时考虑到两种整合方式(自发的整合与自觉的整合)是非常重要的。下面的教师培训活动 6 能够帮助教师更好地理解如何在课程中实现两种方式的有机整合。该活动会用到一些图表，其中列出了一些与全国各地的早期学习标准相关联的课程设计思路(Gronlund，2006)。你将看到这些图表包含一些早期学习标准，并指出了儿童迈向每条标准的三个可能的步骤。在第七章中我们将深入解释使用这些步骤的方法。

教师培训活动 6

分析早期学习标准并产生课程设计的思路

目的： 帮助教师自发和自觉地在课程中整合早期学习标准。

做什么： 参见附录 A 学习材料 4a 和 4b。

让教师分析学习材料 4a 中有关课程设计思路的图表。尽管该图表使用的早期学习标准和你所在州的标准不同，但是你可以以此为范例，引导大家学会分析本州的学习标准，并以这些标准为依据设计可以促使儿童进步的活动。

集体讨论： 可以问如下问题：

● 在学习材料 4a 中列出的活动设计是否支持了儿童相关知识技能的发展？

● 为了体现这些标准，你会另外设计哪些活动？

● 你所在州的标准是否包含类似的条目？

在学习材料 4b 中，我们提供了一张空白的图表。教师可以借助此工具，并以本州的早期学习标准为依据，设计相关的课内活动。

二、使用录像片段

用录像的形式记录儿童的活动，能很好地引起教师的讨论。在观看录像后，教师可以思考和讨论，说说儿童做了什么，观看时想到了什么问题，教师需要做什么来帮助儿童继续成长和学习。在本书所附的 DVD 录像"聚焦观察（Focused Observation，Gronlund and James，2005）"中包含 16 个学步儿童和幼儿的活动片段。在"聚焦观察：如何通过观察来评价儿童和设计课程"中对很多活动进行了大致的描述，以引导教师发现使用这些片段的方法（Gronlund and James，2005）。

教师培训活动 7 采用了录像片段。如果你具有相应的技术手段，我们建议你也对儿童的活动进行录像，然后在培训中使用自己录的这些片段，这样对教师来说会更有意义。

教师培训活动 7

观察练习：在预设的课程活动中鼓励和扩展儿童的兴趣

目的： 练习如何使用材料创设环境，以儿童的兴趣为基础进行互动。

做什么： 使用本书配套的 DVD，播放录像片段 1"管子和瓶子"中艾利亚斯（2 岁 1 个月）的故事。让教师注意艾利亚斯能做什么事、对什么感兴趣、环境中有哪些材料培养了他的兴趣、怎么创设环境才能引起他的兴趣，教师（能够在背景音乐中听到教师的声音）是如何激发他的兴趣和学习的。

集体讨论： 可以问下列问题：

● 　物质环境以何种方式吸引了艾利亚斯的兴趣？

● 　在艾利亚斯探索瓶子和管子、看外面发生的事情时，教师通过何种方式激发了他？

● 　有哪些其他策略可以扩展他的兴趣和探索行为？

使用案例

在教师培训活动中使用案例，能帮助教师思考课程的设计方法以及考虑如何将课程与早期学习标准有机结合。正如之前提到过的，我们在附录 B 中提供了一些案例，描述了一些幼儿园班级中发生的真实场景。

我们欢迎你使用这些案例，同时建议你让教师分享自己教室中的真实案例。他们会从这样的讨论中获益良多。

三、在游戏和日常生活活动中找到早期学习标准

不是所有教师都能很好地胜任在游戏和日常生活活动中整合早期学习标准这项工作。我们在全国各地教师培训中使用了教师培训活动8"为教室的学习区域寻找早期学习标准"，发现这个活动很有效，能对教师有所启发。在这个活动中，让教师组成小组，讨论儿童在每个区域活动中可能涉及的早期学习标准。

教师培训活动8

为教室的各个区域找寻早期学习标准

目的：帮助教师认识到儿童在教室各个区域所进行的游戏活动都能体现出早期学习标准。

做什么：参见附录A学习材料5。

把教师分成2~4人的小组，让各组自由选择，或为其指定一个教室区域进行讨论。给每个组一个图标，标上所讨论的区域，如建构区、角色扮演区、艺术区、手工区、图书区、写作区、感官体验区等。也可以包括其他的区域，如科学区、音乐区、户外活动区等。我们鼓励教师根据自己教室的设置情况列出其他可讨论的区域。让各组教师参考本州的早期学习标准，在图表上写下在各个活动区域中可能体现出的早期学习标准。

集体讨论：当有的小组完成讨论后，让他们将设计好的图表挂在墙上供大家评论。我们建议把所有图表都挂在墙上，让教师来回走动观看。大家都看完所有图表后，组织集体讨论，可以提出下列问题：

● 在你们小组所讨论的区域中，找到涉及的学习标准是困难还是容易？

● 在进行本活动时，你有没有惊奇的发现？

● 这个活动会对你未来组织区域活动产生什么样的影响？

你可以把教师设计的图表复印出来给他们，供其在将来涉及区域活动时参考。在学习材料5中我们提供了一张图表来记录教师的讨论结果。

在整个培训过程中，你都可以定期地重复本项活动，帮助教师不断地思考如何自发或自觉地将早期学习标准整合于幼儿的游戏和探索活动中。

用标记把早期学习标准张贴出来

在新墨西哥州法明顿市的圣璜学院（San Juan College）的儿童与家庭发展中心（Child and Family Development Center），教师想出了一个相互交流早期学习标准和活动区域的方法。他们为每个活动区域设计了一个标记，用魔术贴（Velcro strips）粘在墙上，然后将早期学习标准打印在卡片上，塑封起来，固定到相应的活动区域中。

教师将标记贴在相应的区域中，定期更换上面所附的早期学习标准。这样，他们在头脑中就能将幼儿的游戏和学习标准建立联系。他们还能留意幼儿在游戏中表现出的能力和兴趣，将其体现出的早期学习标准添加到标记中。

在新墨西哥州的教师培训中介绍了这个做法，受到了教师、管理者和家长们的欢迎。教师报告说通过定期更换标记，他们能不断从幼

图 5-2

儿的游戏和探索活动中找到其自发体现出来的早期学习标准。同时，这些标记也提醒他们在设计活动计划时有意识地结合学习标准。比如，一位教师在建构区看到一条关于测量的学习标准，就会问幼儿一些开放性问题，如让幼儿说出积木的长度或者搭建的宝塔的高度等。管理者们说这些标记帮助家长们了解幼儿在游戏中学到了哪些知识，而教师可以通过多种方式促进幼儿的学习。我们建议你也可以考虑在教师培训活动中介绍和讨论这种做法。

四、早期学习标准和日常生活活动

除了在活动区域中贯彻学习标准以外，你也可以让教师从日常生活活动中鉴别并落实早期学习标准。教师培训活动 9 可以作为此类活动的指南。

教师培训活动 9

绘画日常生活活动中的学习标准网络图

目的：帮助教师将早期学习标准融入日常生活之中。

做什么：参见附录 A 学习材料 6。

将教师分成 3～4 人的小组，让各组分析自己教室里的日常生活活动（洗手、刷牙、吃点心、入园和离园、如厕等）。然后，使用学习材料 6，请教师就每种生活活动中可能包含的早期学习标准绘画一幅网络图，并在学习材料 6 中呈现网络图的格式。

集体讨论：当教师完成网络图后，让他们相互分享在各种活动中发现了可深化践行的学习标准。在分享过程中，要提出下面的问题：

● 你有没有意识到早期学习标准可以嵌入到日常生活活动之中？

● 你有没有为日常生活活动可以体现这么多学习标准而感到惊奇？

● 你如何让自己记住在这些活动中贯彻学习标准？

我们再次提醒你这种活动不应成为一次性的活动，要在教师培训活动中时常重温在日常活动中践行学习标准的重要性。

五、在计划中整合早期学习标准

在教学或活动计划中有意识地体现学习标准，是整合学习标准的另一个步骤。盖伊·格朗兰德（Gaye Gronlund，2003）所著的《聚焦式早期学习计划和反思框架》（*Focused Early Learning Planning and Reflection Frameworks*）不仅能在教师主导的活动中，也能在幼儿的自主活动中帮助教师自觉地整合学习标准。使用"聚焦式早期学习周计划"（*Focused Early Learning Weekly Planning Framework*），教师可以以早期学习标准为基础撰写区域活动目标、教师主导的大小组活动目标。确定学习目标，能够帮助教师为幼儿的游戏和探索活动提供与该目标相关的学习材料和经验。比如，教师可能为感官体验区找到这样的目标：儿童使用他们的感官探索物质和自然的世界。为了达到这个目标，教师会提供诸如水、沙或剃须膏等物品供幼儿探索。儿童的活动仍然可以是自然的、自主的，教师会在与儿童的互动中鼓励他们用感官探索活动，并发展与游戏材料性质、特征相关的词汇。

你可以提醒教师，反思也是制订计划过程的一个组成部分。教师反思和评估活动的开展状况以及促进幼儿发展的目标。聚焦式早期学习总体反思框架（*Focused Early Learning General Reflection Framework*）为教师思考儿童操作材料的方式和学习过程、评估活动的成效提供了思考框架。在对儿童的表现进行评价和活动设计中，反思是一个重要的过程。在反思过程中，教师需要考虑活动材料和目标是否需要做出调整、何时需要做出调整。"目标可以持续数周不变。各个活动区域的活动材料应当丰富、充分，足以使儿童继续在探索中以多种可能的方式使用这些材料……"但是在下面的情况下，教师就应该做出调整了：

● 儿童忽略了个别活动区域。

● 儿童玩腻了活动材料。

● 儿童表现不积极，活动区的活动相对儿童来讲已毫无意义。

● 学习材料的改变可能会引起儿童的兴趣，更适合儿童的学习需求，适应学习主题的发展需要，有助于在活动中生成新的项目。（Gronlund，2003，28～29）

在教师培训活动 10"使用计划和反思框架"中，我们为你提供了"聚焦式早期学习周计划"和"聚焦式早期学习总体反思框架"供教师尝试使用。

教师培训活动 10

使用计划和反思框架

目的：帮助教师学会如何撰写体现学习目标和学习标准的活动计划，并记录活动开展的结果。

做什么：参见附录 A 学习材料 7a 和 7b。

让教师看"聚焦式早期学习周计划"，找出每种活动（学业知识学习、运动、户外游戏、小组和大组集体活动）中可能包含的学习目标，指出框架里尚未涵盖的其他区域，讨论可以做出哪些调整。让教师知道观察记录表既可以记录儿童的行为表现，也可以记录活动中可以贯彻的学习标准。

然后看学习材料 7b 中的"聚焦式早期学习总体反思框架"。请教师回顾在最近一周的教育活动中儿童的表现，并填写反思表。

集体讨论：在讨论过程中可以问以下问题：

● 你将怎样使用这个框架或其他的课程计划来展示你在教学中体现的目标和学习标准？

● 你如何反思儿童在特定活动中的表现？这种反思如何影响你在未来工作中活动计划的制订？

六、分析教学计划

不管教师用哪种格式来撰写，教学计划中都应该体现出学习目标和标准。这不仅包括教师主导的活动，儿童自主活动也是如此。在教师培训活动 11"分析教学计划"中，给出了四个不同形式的教学计划范例，并提供了分析这些计划的标准。

教师培训活动 11

分析教学计划

目的：帮助教师考虑在教学计划中如何体现学习目标和学习标准以及儿童对活动的参与度。

做什么：参见附录 A 学习材料 8。

如果教师学会分析自己制订的教学计划，那么本活动将会收到更好的效果。但是在刚开始时最好让教师分析本书给出的示例，以便展开对话，有助于建立一种分享和信任的氛围。或者个别分析，或者将他们分为 2～3 人的小组，让教师看学习材料 8 中的教学计划。请他们以如下的标准进行评价：

1. 这些教学计划中的所有活动（不仅仅包括教师主导的活动）是否清晰地体现出了学习目标？

2. 所体现出的学习目标是否符合儿童的年龄？是否具有足够的广度以适应儿童之间的个体差异？

3. 这些学习目标是否涵盖了多个发展领域（如一些语言类的目标、社会或情感类目标、精细动作技能目标和认知目标等）？

4. 在儿童自主的活动和教师主导的活动之间是否有一个平衡？或者是否应当更多地向儿童自主活动倾斜？

5. 你认为这些活动对儿童来说是不是有趣且乐于参与？

6. 这些教学计划是否对不同的活动区域（如建构区、角色游戏区、艺术区、感官体验区等）做了有效规划？

7. 是否包含了小组活动？这些小组活动是否足够丰富，能让幼儿维持15分钟的兴趣？

8. 是否包含了大组活动？这些大组活动是否包括运动和音乐的内容以及讲故事和教师演示的内容？

集体讨论：在大组讨论中逐个地研讨这些教学计划，可以就上述问题组织讨论。鼓励教师思考自己在教学计划中整合学习目标和标准的方式，分享他们对幼儿参与度和其他因素的思考结果。

七、将项目教学和早期学习标准结合起来

提醒教师在设计项目教学或儿童感兴趣的研究主题时，可以将活动与早期学习标准结合起来。学习材料 8 中提供的一个教学计划就展示了"丰收"主题下的活动内容及其学习目标。你可以以这个计划作为讨论的基础，让教师回顾自己在某个主题下的教学计划，并找出其中体现的学习标准。教师培训活动 12"项目、研究和学习标准"对类似的活动提出了相关建议。

教师培训活动 12

项目、研究和学习标准

目的：帮助教师看到在深入的项目式教学中也可以体现早期学习标准。

做什么：请教师带来自己的教学计划、反思记录、项目教学档案、探索活动、研究项目或一系列主题活动的记录，以个人或小组形式回顾。我们建议最好采用一个已经开展过的项目，这样有记录可供观看。将你所在州的早期学习标准复印下来，让教师个别讨论或组成 2～3 人的小组讨论这些活动中分别体现了哪些学习标准。

然后，鼓励教师观看儿童在相关主题下进行探索活动的档案。请他们观察体现学习标准的照片、作品（work sample）。

集体讨论：将上述结果准备好，让教师在大组中分享他们在项目教学或主题活动中涉及的学习标准。对他们所提到的所有学习标准都给予

肯定，并邀请其他人进行补充。然后将这些项目教学档案等材料进行展示，让教师相互观看。之后，针对以下问题组织集体讨论：

- 你的活动中涉及了这么多条早期学习标准，对此你感到吃惊吗？
- 从活动中找出涉及的早期学习标准是困难还是容易？
- 你如何促进儿童的家长及其他家庭成员更好地理解你的课程？
- 你还可以采用哪些方式，将早期学习标准、目标以及你的记录、照片和儿童作品联系起来？

在下一章，我们将讨论依据早期学习标准来评价儿童表现的方法。我们仍将提供教师培训活动以及使教师改变其评价方法的指导策略。

参考资料

Gronlund, Gaye. 2003. *Focused early learning: A planning framework for teaching young children*. St. Paul: Redleaf Press.

Gronlund, Gaye. 2006. *Make early learning standards come alive: Connecting your practice and curriculum to state guidelines*. St. Paul: Redleaf Press.

Gronlund, Gaye, and Marlyn James. 2005. *Focused observations: How to observe children for curriculum and assessment*. St. Paul: Redleaf Press.

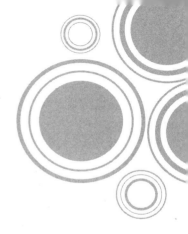

第六章　帮助教师以最佳的方式评价儿童

正如前几章中所讲，儿童评价与课程是交织在一起的，二者不可分割。实际上，依据我们的经验，儿童评价推动了课程。如果要求教师使用特意设计的、一次性的任务等不适当的评价方式，他们就会倾向于将课程视为教师主导的，会开始将注意力集中于可能测验到的任务上。相反，如果要求教师使用基于现场观察的真实性评价，那么他们对课程的理解就会超出教师主导的活动。我们看到，当教师适应了为了评价而观察儿童的这种做法后，他们对于课程的理解就会发生改变。他们开始意识到儿童在全天的生活中都同样具有学习潜力，而不是局限于大组或小组的集体活动。他们会以教导者之外的角色与儿童互动。他们会更充分地认识到儿童主导的游戏和探索活动的价值，并找到方法去支持这些活动。因此，我们坚信为了帮助教师以最佳的方式评价儿童和实施课程，我们必须关注真实性评价手段，并让教师有能力成为有效的观察者和记录者。

在本章中，我们将考查儿童评价的诸多方面，提供 5 个教师培训活动（活动 13～17），并涉及如下问题：

- 澄清发展筛查工具和观察式评价方法的目的。
- 撰写客观和真实的档案。
- 使用不同的格式记录档案。

就像在第四章和第五章一样，我们为每一个教师培训活动提供了学习材料或案例作为参考。学习材料和案例可以在附录 A 和附录 B 中找到。

在第八章，我们将考查在儿童评价方面教师对变革的抵触是如何表现出来的。我们提供一些指导策略，帮助教师解决这些问题，使他们接受新的儿童评价理念。

一、评价的类型

我们将关注两种评价类型：发展筛查和观察式评价。你将注意到我们不推荐使用任何形式的标准化测验。下面的一段话引自全美幼教协会（NAEYC）和各州教育部的全国早期儿童专家协会的联合立场声明，它鼓励教师将眼光超越标准化测验而投向其他形式的评价：

在人们心中，评价通常只包括正式的测验，但是评价实际上包括很多内容，有很多种目的。评价方法包括观察、记录儿童的工作、检核表和等级量表、档案袋以及标准参照的测试……

高质量的教育"采用持续的、系统的，正式或非正式的评价方式，提供儿童学习和发展的相关信息。这些评价是在和家庭的相互交流中进行的，会结合儿童发展的文化背景"。（Commission on NAEYC Early Childhood Program Standards and Accreditation Criteria，2003，np）

……总体上，对于标准化测验在幼儿学习评价中的应用及其结果的解释，评价专家们发出了很多警告，尤其是当评价结果可能涉及重大的利害关系，而没有其他评价方式作为补充时更需警惕。（National Research Council，1999；Jones，2003；Scott-Little，Kagan，and Clifford，2003）

本章的首要内容是：如何帮助教师实施观察式评价并运用评价结果更有效地进行教学。我们知道教师总是在看着儿童。他们接收信息，并作出教学决策，以便最有效地帮助儿童成长和学习。当这种"看儿童"的做法成为儿童评价信息的来源时，它就由一种非正式的过程转变成了正式的过程。你在实施教师培训时，可以为教师提供支持，使他们的观察更加系统化，选择最能够体现儿童活动的档案记录形式。全美州首席教育官理事会学前教育评价委员会（Council for Chief State School Officers Early Childhood Education Assessment Panel，2003）将观察式评价界定为：

教师系统地评价和记录儿童的发展水平或知识、技能、态度的过程，其目的是确定儿童的学习成果，促进教学，支持儿童的进步。检核表或笔记是常应用的记录工具。有效的观察式评价包括记录儿童的现场行为，训练观察者客观地描述儿童行为。很多学前教育工作者相信，观察式评价是评价幼儿的最有效方式，因为幼儿的能力有限，无法通过传统的纸笔测验来展示自己的知识和技能。

同样，全美幼教协会的幼教机构认证标准中也强调了观察的重要性："教师通过观察和记录儿童的工作、游戏、行为以及互动活动来评价其进步。他们使用这些信息，设计和调整课程与教学。"（NAEYC，2005，37）这种观察式评价是持续进行的，能用于促进教学和个别化的课程。

发展筛查

发展筛查是全美幼教协会的认证标准中提到的另一种评价方式。发展筛查的目的是提供儿童的第一印象。该标准指出，发展筛查评价应在儿童入园三个月内进行。（NAEYC，2005，36）这是一种新兴的做法。因此，有必要让教师熟悉这种评价过程：

它是预防、评估、干预过程的第一步，旨在帮助儿童发展其潜能……发展筛查测试（或"工具"）简要地考查幼儿在语言、逻辑、大动作、小动作、个人社会性发展方面的能力，快速而有效地确定儿童是否需要进行进一步的评估……除了发展筛查评价之外，还应通过医学检查、听力和视力测查、家长问卷和访谈等方式收集信息。（Meisels and Atkins-Burnett，2005，5~6）

发展筛查评价和更为深入的观察性评价的区别在于：它不是为了提供关于儿童在掌握技能或概念方面的详细信息，也不是为了进行课程设计，其目的在于用简单快速的方法鉴别出儿童在学习和（或）行为方面的问题。另外，全美幼教协会的认证标准指出："发展筛查工具……要符合关于标准化、信度、效度的专业标准。"（NAEYC，2005，36）因此，使用适当的工具非常重要。

大多数发展筛查评价工具是由成人以一对一的形式进行的。但是在此过程中，观察仍然起到重要的作用。"除了发展筛查工具提供的标准化信息之外，还可以通过观察得到大量关于儿童的信息。"（Meisels and Atkins-Burnett，2005，10）当你在日常活动中观察儿童时，可以采用一些发展筛查工具。教师培训活动 13"使用观察和记录的方式进行发展筛查评价"，能帮助教师决定在观察儿童的自主游戏活动时，可以完成发展筛查工具的哪些部分。

教师培训活动 13

使用观察和记录的方式进行发展筛查评价

目的：让教师探索在发展筛查评价中如何进行观察。

做什么：请教师将自己对儿童活动的记录带到本活动中来。然后将其组成小组，以一种发展筛查工具中的标准为依据，比较他们的记录。我们在培训中使用的是"年龄与阶段问卷"（Ages & Stages Questionnaires）。让每个小组列出他们在观察记录中涉及的有关发展筛查工具的内容，将其与发展筛查的标准进行比较。将每组列出的内容写在图上，并张贴出来供他人观看。

集体讨论：接下来进行大组的集体讨论，讨论并提出以下问题：

- 从你的观察记录中是否能找到发展筛查工具中的大多数项目？
- 是否有一些项目找不到？
- 你是否认为有些事情只有采用一对一的形式或者与家庭成员进行谈话才能加以评价？
- 是否大多数项目都可以通过观察儿童的自发游戏活动加以评价？你是否可以通过设计某些活动评价有些项目？
- 发展筛查评价是否帮助你发现了某些潜在的问题？

这个活动不仅可以帮助教师看到早期筛查评价的益处，还能帮助其认识到，其实在日常生活中就可以观察到关于发展筛查工具的内容。

二、进行性的观察式评价

为了帮助教师更充分地理解进行性（ongoing）的观察式评价，我们建议你着重强调以下特征：

- 观察式评价是进行性的、嵌入到日常课程之中的。
- 书面的记录应当是客观的、真实的，可以采用多种形式。
- 观察式评价是基于标准的——依据清晰的标准来评估儿童的能力，而不是将其与其他儿童相比较。
- 观察式评价是个体化的，记录档案为儿童的优势、学习风格和兴趣描绘了一个全面的、丰富的画面。
- 观察式评价的目的在于促进教学。

很多教师培训活动可以涉及上述关键特征，帮助教师增进其观察技能，优化书面记录，并更好地安排观察评价的时间，以进行高效的评价。

必须让教师认识到，对儿童能力和进步的评价可以在日常活动中进行。可以通过分析录像或在实际的教室中观察，来让教师体会这一点。在教师培训活动14"在'点心时间'观察儿童"中推荐的录像片段，我们使用了多次并取得了成功。我们邀请你也使用这个录像片段，当然也可以使用你自己录制的片段或教室观察记录。

教师培训活动 14

在"点心时间"观察儿童

目的： 观察儿童在日常生活活动中的表现，找出儿童学到了什么。

做什么： 使用本书配套DVD中的录像片段2"洗手和吃点心"。该片段展示了丹尼尔（4岁2个月）在"点心时间"的表现。教师观看时，让他们记录下自己看到的丹尼尔能够做的事情。

集体讨论： 让教师集体分享观察结果，列出他们看到的丹尼尔所具备的能力、技能、社会互动活动、个性特征、特别行为，并讨论以下的问题：

- 你看到丹尼尔能做哪些事情？
- 你是否能够在从这么短时间的观察中看到这么多东西而感到惊讶？
- 如果你熟悉丹尼尔，是否会看到不一样的东西？如果是，会从哪些方面看到不一样的东西？
- 基于你对丹尼尔的观察，你会为他设计何种课程？

你也可以让教师将观察结果和所在州的早期学习标准结合起来思考。这能有力地展示儿童针对学习标准的发展情况并非只有在教师主导的教学中才能观察到，在日常生活中同样可以观察。

三、撰写客观、真实的记录

要客观、真实地描述儿童的行动和语言，需要进行练习和仔细观察。这样的记录能提高可信度，使之成为儿童能力的真实反映，而非教师的主观看法或判断。为了鼓励教师思考记录的真实性问题，我们让他们阅读观察记录，并分析里面的真实性语言和解释性语言的差异。我们使用下列的表格（见表6-1），其中包含的词和短语可供参考。

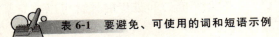 表 6-1 　要避免、可使用的词和短语示例

要避免的词和短语	可使用的词和短语
儿童喜爱……	他经常选择……
儿童喜欢……	我看到他……
她很享受……	我听到她说……
他会花很长时间……	他花了五分钟时间……
看起来好像……	她说……
看起来显得……	几乎每一天，他都……
我认为……	每周有一两次，她……
我感觉……	每次，他都……
我想知道……	她不断地……
他……做得很好	我们看到一种……的模式
她不擅长……	
这对……来说很难	

教师培训活动15"真实性记录 VS. 解释性记录"，包括几个可以用上表加以分析的记录。

教师培训活动 15

真实性记录 VS. 解释性记录

目的：让教师有机会分析观察记录，区分哪些词和短语是真实性、描述性的，哪些是解释性、判断性的。

做什么：参见附录 A 学习材料 9a 和 9b。

使用学习材料 9a 中的表格，让教师分析下面摘自《聚焦式观察》(*Focused Observations*，Gronlund and James，2005)的描述，找出其中解释性或判断性的词汇。这些描述也会在学习材料 9b 中提供。(学习材料 9b 中也包含这些描述)然后请教师将这些词和短语修改，替换为真实性、描述性、客观性的词或短语。为了供你参考，我们给出了修改的建议。在学习材料 9b 中只提供了修改前的记录，供教师使用。

杰尼佛(6 个月)

　　杰尼佛是个很难哄的小孩。妈妈离开时她就会哭。她要求成人给她很多的关注。她很难安静下来，除非咬着橡皮奶嘴或被人抱着的时候。她很容易受惊吓，当别的孩子靠近她时，她就会生气。

　　解释性词语:"很难哄""要求""很难""生气"

　　可以修改为:"杰尼佛经常哭。当她咬着橡皮奶嘴或被人抱着的时候才能安静下来。她很容易受到惊吓，当别的孩子靠近时她可能会哭。"

卡莉(3 岁 2 个月)

　　到了骑自行车时间，卡莉跑到外面的自行车边，因为她想第一个挑选自行车。她总是想要红色的自行车，忘记了到外面去时要走的规则。

　　解释性词语:"她想""总是想要""忘记了……规则"

　　可以修改为:"在每天的骑自行车时间，卡莉都跑到外面的自行车边。她宣布:'我想要红色自行车。'但是如果有人骑了红色自行车，她就会去骑其他颜色的。"

马克斯(2 岁 6 个月)

　　今天进行艺术活动时，马克斯非常享受画画的过程。他用掉了很多颜料——绿色的、蓝色的、棕色的、红色的。他的画很有趣。他看起来好像在画一些人和一座房子。马克斯几乎每天都画画，这看起来是他最喜欢的活动。

> **解释性词语:**"非常享受""很有趣""看起来好像""看起来"
>
> **可以修改为:**"今天的艺术活动时间,马克斯用很多颜料画了一幅画。我问他画的是什么,他回答说:'一些人和一座房子。'他几乎每天都画画,每次都能画15分钟以上。"

集体讨论: 在就这些描述记录中的语言组织讨论时,要让教师了解到,有效地描述儿童的活动的语言应该是真实的、客观的。另外,教师要有意识地注意并认真思考哪些字、哪些词能更好地表述儿童的行为。现实中,教师经常下意识地去对儿童进行主观的判断和评价。需要注意的是,当教师的目的是为了帮助、支持儿童成长时,这样的判断和评价是可以的,但是在档案记录这却是不适当的。

你也可以邀请教师回顾自己的观察记录,使用前文提供的表格进行修改。我们发现将这个表格打印在卡片上塑封起来很有帮助,它可以在需要时随时提醒教师。

四、为准确的评价收集信息

评价是一个既包括记录又包括评估的过程,让教师了解这一点也很重要。进行真实的记录(客观的观察记录)的目的是为儿童的评价提供支持。我们不想过快地作出评估,以至于对儿童的能力得出可能并不准确的结论。应该向教师强调,必须通过记录来收集足够的信息,在此基础上进行有效的、可能的评估。教师培训活动16"解读儿童的行为",能够帮助你向教师说明这一点。

教师培训活动 16

解读儿童的行为

目的:帮助教师看到对儿童的一种行为可能会有很多不同的解读。

做什么:参见附录 A 学习材料 10。

请教师阅读下面对以利亚在积木区表现行为的描述(也可在学习材料10中找到)。该描述摘自《聚焦式观察》。

> **以利亚(3岁9个月)**
>
> 　　以利亚正在积木区玩。他手上拿了几块动物积木。还有几个孩子和他一起在积木区玩。他拿着动物积木绕圈奔跑，另一个孩子在后面追他。他笑着大喊道："你抓不到我!"

　　集体讨论：请教师针对以利亚的行为进行尽可能多样的解读。我们建议你做一个标着"可能的解读"的图表，将教师想到的内容写下来。在每一条后面画上一个问号。这个问号可以让教师认识到，判断自己的结论是否正确的唯一办法是再次观察以利亚，看他是否还会做出类似的行为。可能的解读包括：

　　他是一个很好动、爱吵闹的孩子。
　　他在设法让其他孩子和自己一起玩。
　　全班刚读了"姜饼男孩"①，他在把故事的内容演出来。
　　他和朋友们创造了一个追赶动物的游戏。

　　针对每条可能的猜测结果，组织教师讨论如何介入到活动中。例如，如果以利亚正在演"姜饼男孩"，教师应如何扩展这个游戏？如果以利亚是在设法让其他孩子和自己一起玩，那么教师的介入行为应如何变化？

五、不同的记录形式

　　应当提醒教师，观察记录的形式有很多。教师要根据特定的场景、儿童的人数、活动的目的、自己的组织风格决定何种记录形式是适当的。使用录像是让教师练习不同记录形式中的一种。在教师培训活动17"进行总结性的记录"中，让教师观看一段录像，并总结性地记录儿童做了什么。在下一章中，我们还将展示其他记录形式。

　　教师培训活动17

　　进行总结性的记录

　　目的：为教师提供机会练习撰写观察记录，总结自己所看到的儿童行为。

---

　　①　一个西方流行的动画故事——译者注。

　　做什么：使用本书配套的 DVD，播放片段 3"画画"。该片段展示了梅根（4 岁 8 个月）的活动。让教师仔细观察梅根做了什么，但在观看过程中先不要记录。在录像片段播放完后，教师可以用 2～4 句话来总结自己看到了什么。提醒他们要使用真实性、描述性的词语，而不是解释性的词语。

　　集体讨论：让一些教师分享自己的记录。讨论做这样的记录是容易还是困难。并提出以下问题：

● 当你在教室里很忙的时候，能否做这种记录？
● 在你的工作中，这种记录的可操作性有多大？

　　有很多方法可以帮助教师提高其观察技能和记录能力，在我们的《聚焦式观察：如何通过观察来评价儿童和设计课程》（*Focused Observation: How to Observe Children for Assessment and Curriculum Planning*, Gronlund and James，2005）一书中提供了很多提示和策略。在下一章中，我们将提供另外 7 个教师培训活动，帮助教师将观察与早期学习标准相结合。

参考资料

Bricker, Diane, and Jane Squires. 1999. Ages & stages questionnaires (ASQ): A parent-completed, child-monitoring system. 2nd ed. Baltimore, Md.: Brooks Publishing Co.

Commission on NAEYC Early Childhood Program Standards and Accreditation Criteria. 2003. Draft NAEYC early childhood program standards. Accessed July 9, 2007, at www.naeyc.org/accreditation/nextera.asp.

Council for Chief State School Officers Early Childhood Education Assessment Panel. 2003. The words we use: A glossary of terms for early childhood education standards and assessment. Accessed June 4, 2007, at www.ccsso.org.

Gronlund, Gaye, and Marlyn James. 2005. *Focused observations: How to observe children for assessment and curriculum planning*. St.

Paul：Redleaf Press.

Jones，J. 2003. *Early literacy assessment systems：Essential elements*. Princeton，N. J.：Educational Testing Service.

Meisels，Samuel J.，and Sally Atkins-Burnett. 2005. *Developmental screening in early childhood：A guide*，5th ed. Washington，D. C.：National Association for the Education of Young Children.

NAEYC. 2005. *Early childhood program standards and accreditation criteria*. Washington，D. C.：National Association for the Education of Young Children.

National Association for the Education of Young Children and the National Association of Early Childhood Specialists in State Departments of Education. 2003. *Early childhood curriculum，assessment，and program evaluation：Building an effective，accountable system in programs for children birth through age* 8. Accessed June 3，2007，at www. naeyc. org/about/positions/pdf/CAPEexpand. pdf，page 10.

National Research Council. 1999. *High stakes：Testing for tracking，promotion，and graduation*. Committee on Appropriate Test Use，eds. J. P.

Heubert and R. M. Hauser. Washington，D. C.：National Academy Press. Scott-Little，C.，S. L. Kagan，and R. M. Clifford，eds. 2003. *Assessing the state of state assessment：Perspectives on assessing young children*. Greensboro，N. C.：SERVE.

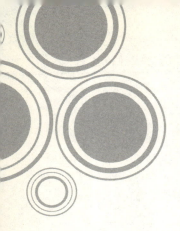

第七章　结合早期学习标准对观察结果进行评价

　　早期学习标准是教师评价其观察结果的参考依据，其权威性为教师评价儿童的表现和进步提供了坚实的基础。教师不再仅仅凭借自己关于儿童发展的知识进行评价，而是有了一套由本州学前教育工作者开发出的明确的标准。

　　在本章，我们提供了 7 个教师培训活动（活动 18～24），涉及以下问题：

- 在日常活动中融入与早期学习标准相结合的观察评价。
- 依据早期学习标准对观察结果作出评估。
- 使用快速而容易的方式以及深入的档案袋方式，记录儿童的进步轨迹。
- 评价儿童能做什么而不是做不了什么。
- 对每个儿童在多个领域中的表现建立个案文档。
- 使用观察式评价促进教学。

　　和前几章一样，我们为每一个教师培训活动提供了学习材料或案例。学习材料和案例可以在附录 A 和附录 B 中找到。

　　第八章我们将考查教师对变革的抵触在儿童评价工作中的表现，我们会帮助你解决这些问题，为教师接受新的儿童评价理念提供更多的指导策略。

　　练习观察儿童的活动，并结合特定的学习标准进行评价，能让教师更好地熟悉本州儿童的发展目标。你可以请教师分析录像和观察记录，并帮助他们完成这一过程。

一、找出儿童发展的技能

教师培训活动18"找出发展领域和特定技能"，是使用观察记录来评价儿童能力和技巧的一个例子。

教师培训活动 18

找出发展领域和特定技能

目的：分析观察记录，判断儿童表现出了哪些技能。

做什么：参见附录 A 学习材料 11。

让教师阅读下面关于乔安基拉(3 岁 8 个月)的记录(在学习材料 11 中也可找到)，该记录摘自《聚焦式观察》。

> 乔安基拉、达米尔、阿德琳妮和我坐在一起读《三只小猪》。乔安基拉坐在那里，听了好一会儿。在故事讲到一半的时候，她跪着挺直了身体，开始前后摇动。她碰到了达米尔，对他说："对不起，达米尔。"然后她站了起来，走到阿德琳妮的另一边，蜷缩在豆袋椅上，不再听故事了。

让教师分析这段观察，找出哪些内容体现了乔安基拉在认知、社会交往、情绪和身体动作方面的能力。

集体讨论：让教师集体回顾你所在州的早期学习标准，针对其中一些标准评估乔安基拉的达成情况。你可能要把教师分成 2～3 人的小组，让每个组查看某一个领域的标准。然后让各组汇报评估的结果。

使用其他的记录或录像片段，同样可以开展此类活动。在附录 B 中，我们提供了几个其他的记录。我们再次建议你可以使用教师自己的记录。让他们分析自己班级中儿童的观察记录会更有意义。

二、评价儿童针对学习标准的进步情况

要向教师强调一点：大多数儿童都在向着学习标准进步着，即使他们的水平比所要求的水平要低。我们建议在评估儿童时开发一套量规(rubric)，以抓住儿童细小的进步：

不是所有儿童都能达到每一条学习标准。他们会在某些领域显示出不同的能力优势，在另一些领域显示出弱势。如果评价时只有两个等级，如"达到"或"未达到"，儿童的细小进步就会被完全忽略，看起来就会有很多儿童不达标。如果使用三到四个等级，就能够更清楚地鉴别出儿童能力所处的位置。这能够帮助教师为该儿童设计课程计划，并且能提供一个比简单的"达标"或"不达标"更为准确的画面。（Gronlund，2006，21）

就像在第五章中提到的，你可以确定三个学习标准达成的等级，如：

1. 在该学习标准上的初步表现。
2. 表现出朝向学习标准的进步。
3. 达到了学习标准。

盖伊·格朗兰德在其《让早期学习标准行动起来》一书中给出了一些表格，其中从全美各州的学习标准中挑选出了一些条目，并给出了儿童在这些条目中不同表现水平的示例。在教师培训活动 6 中，我们建议你使用这些表格，让教师在设计课程时留意学习标准。

在新墨西哥州的州立学前教育项目工作期间，格朗兰德和同事们调整了这个框架，基于《新墨西哥州学前早期学习成果》（*New Mexico PreK Early Learning Outcomes*），为《新墨西哥州学前教育项目关键经验》（*New Mexico PreK Essential Indicators*）的每一个条目设定了三个等级。这里是一些例子：

早期学习关键经验：调整自己的行为以适应不同的场合（例如，接受活动的转换，遵从日常生活常规和社会文化的要求）。
第一步：在一个场合中调整行为，或者一次只调整一种行为。
表现出进步：在超过一个场合中，更有规律地调整行为。
达到标准：经常性地在各种场合中调整行为。

在针对该州的数百名教师进行的培训活动中，格朗兰德和同事们使用录像片段帮助教师观察儿童的行为，并对儿童的进步情况评定等级。

培训中培训者和教师进行了充分的讨论，让教师学习如何基于儿童的实际表现进行评估，而不是基于个人的直觉、猜测或无根据的主观判断。玛琳·詹姆斯（Marlyn James）发现在她所在的州，这种方法也同样适用于针对大学生的教学活动。

不管你所在的州有没有制定这样的等级，你都可以在教师培训活动中让教师以这种等级来评定儿童的表现。你可以使用《让早期学习标准行动起来》中的表格，做一些修改以适应你所在州的早期学习标准，或者可以和教师一起为所在州的早期学习标准制定三个或四个等级。教师培训活动19"鉴别儿童进步的步骤"，使用了格朗兰德书中的表格。

教师培训活动 19

鉴别儿童进步的步骤

目的： 让教师练习如何观察儿童针对学习标准的细小进步。

做什么： 参见附录 A 学习材料 12。

使用本书配套的 DVD，播放录像片段 4"三个年轻的书写者"。该片段展示了泰勒（4 岁 4 个月）、马利克（4 岁 5 个月）和唐塔莎（4 岁 1 个月）的活动情况。让教师观看录像，结合学习材料 12 中给出的学习标准评价儿童的表现。让他们将儿童的表现评定为三个等级，如果儿童没有表现出较高等级的能力，就以较低的等级评定。

集体讨论： 在教师为儿童的表现评定等级后，组织大家讨论他们是如何进行评定的，可以提出下列问题：

● 你的评级是基于所看到的哪些表现？

● 确定评定的等级困难吗？你考虑了哪些因素？

如果在教师当中存在不同的意见，要鼓励他们说出自己选择某个等级的理由，没有必要达到完全一致，好的讨论和批判性的思考更为重要。

我们将通过《让早期学习标准行动起来》中的其他表格，找到能够反映你所在州的学习标准。如果有，就可以用这些表格更多地开展类似活动。使用你自己在教育机构中拍的录像或观察记录，让教师结合特定的学习标准，用三个或四个等级评定儿童的表现。

三、记录儿童的进步

应该认识到有些早期学习标准能基于一次性的观察迅速而容易地进行评价，这种形式可以进行快速、容易的记录。关键的因素是教师要观察儿童如何以自己独特的方式展现他所具有的能力。

其他的学习标准不能通过快速的一次性观察来评价，因为这些标准更为深入和（或）包括更广的内容。对于这样的标准，儿童进步的情况最好通过档案袋的形式进行，以收集更为深入的观察记录，或者可以与儿童作品取样（work samples）或儿童活动照片相结合，找到记录某个学习标准的最佳方法，是帮助教师高效、方便地评价儿童的重要步骤。芭芭拉·鲍曼（Barbara Bowman，2006，47）建议教师明智而审慎地使用学习标准："仔细思考如何在不同的时间、用不同的方法评价不同的学习内容。例如，教师花很多时间去描述某个技能，但实际上这个技能可以通过儿童的日常表现和检核表来评价。如果采用了这种简单的评价方式，就为教师节省了时间，可以去提高那些无法快速、轻易地作出评价的技能。"

可以用快速、轻易的办法评价的技能，大体都能用"是"或"否"的问题加以反映：这个孩子是否表现出该技能？或是否理解了该概念？这里有一些可以快速评价早期学习标准的例子：

《怀俄明州早期学习准备标准》（*Wyoming Early Childhood Readiness Standards*）："儿童在粗大动作类的任务中，表现出对身体的控制、能保持平衡、有力量和协调性。"（Gronlund，2006，108）

《科罗拉多州搭建积木、科学领域学习标准》（*Colorado Building Blocks，Science Standards*）："使用工具（如放大镜、眼药滴管、录音带）去收集信息。"（Gronlund，2006，68）

在新墨西哥州的州立学前教育项目中，格朗兰德和同事们修订了《聚焦观察》（*Focused Observations*，Gronlund and James，2005）中的"快速检核记录表单"。该表单中列出了"新墨西哥州学前教育项目关键经验"中的一些可以快速观察的条目。在该表中还简要地说明了三个等级的含义，让教师在观察儿童时可以用数字"1""2""3"来迅速地记录。尽管这种形式适于快速观察，但仍然强烈建议教师要在多个场合中对儿童进行较长时间的观察，而不是在一天时间里观察所有儿童，或是在一种活动中观察所有儿童。

表 7-1　快速检核记录表单：新墨西哥州的州立学前教育项目

儿童姓名	日期 & 活动 E1 #1 身体协调性	日期 & 活动 E1 #2 手眼协调	日期 & 活动 E1 #3 遵从规则	日期 & 活动 E1 #10 认识字母
第一步(#1)	1～2 个动作	操作大件物品	只有在有人提醒时	知道字母 ABC
表现出进步(#2)	3～4 个动作	在帮助下操作小件物品	遵从一些规则	认识名字的首字母
达到标准(#3)	4 个动作以上	操作各种小件物品	遵从大多数规则	认识一些字母

　　教师反映这种记录的形式能够节省时间，让他们可以花时间评价那些需要进行深入观察才能评价的学习标准。对于这种学习标准，就有必要去收集书面的记录、照片和（或）儿童作品取样，做成档案袋。下面是一些此类学习标准的例子：

　　《佛蒙特州早期学习标准》（*Vermont Early Learning Standards*）："儿童对数数和将物品、数字归类表现出兴趣和好奇心。"（Gronlund，2006，48）

　　儿童可能有很多不同的方式表现出对数数和数字的兴趣及好奇，因此按这条标准进行评价最好要记录每个儿童的行为。例如，儿童可能在大家排队时数人数；也可能在吃点心时数有几块饼干，或是数学习区域中某种学习材料的个数，或者教师可以帮儿童数一数当天或本周有多少孩子来到了幼儿园。

　　《加利福尼亚州期望的学习结果》（*California Desired Results*）："在游戏活动中，做出假装书写的动作（如做出画线、画形状的动作）。"（Gronlund，2006，40）

　　记录以这条标准得出的评价的最佳方式，是收集儿童书写的作品样本以及儿童完成这些作品时的场景描述。儿童是在写购物清单、朋友的名字，还是给奶奶的信？这些信息配合作品取样，能够为评价儿童的进步水平提供证据。

　　教师培训活动 20"快速、容易地记录，还是深入地记录"中，请教师分析早期学习标准，并找出最佳的记录方式。我们发现这个过程能帮助教师思考评价中的时间问题，并增进对学习标准本身的了解。

教师培训活动 20

快速、容易地记录，还是深入地记录

目的： 针对不同的早期学习标准决定最佳的记录形式。

做什么： 参见附录 A 学习材料 13。

　　让教师分析你所在州的早期学习标准，找出哪些标准适用于快速而容易的记录方式，哪些标准要求进行深入的观察。使用下列的标准加以判定：

● 这条标准是否能通过"是"或"否"的问题加以评价？

● 这条标准是否需要深入的观察和参与，通过观察记录并配以照片和(或)作品取样来记录？

　　集体讨论： 让教师分享自己找出的两类学习标准。检查这些分类是否符合上面的两条标准。然后，当找出可以采用快速、容易的记录方式体现的学习标准后，教师便可以开发出自己的"快速检核记录表单"（与新墨西哥州使用的表单相类似）。我们在学习材料 13 中给出了一个空白的表单。

四、用档案袋记录

　　档案袋记录可以作为记录儿童向着学习标准进步的历程的一种方式。新墨西哥州学前教育项目为教师设计了档案袋表格，用以记录该州学前教育项目关键经验中的一些技能。在这些档案袋表格中，教师书写观察记录，附上适当形式的照片和(或)儿童作品取样。每个表格都针对一条早期学习标准，分为三个评定等级。教师在能够反映儿童水平的等级水平上画圈。

表 7-2　新墨西哥州学前教育项目表格

新墨西哥州学前教育项目
聚焦档案袋信息收集表格

儿童姓名_____　日期_____　观察者_____

领域：数学

早期学习关键经验：E1 ♯12 使用数字和计数来解决问题、确定数量

儿童的进步：在适当的等级上画圈

初步表现	**儿童的进步**	**达成目标**
能够在多个情境中识别多或少（但不能数物品的数量）	为了解决某问题，数物品的数量（并不要求一一对应）	为了解决某问题，数较多物品的数量（数数时具有数量概念、能做到一一对应）

<table>
<tr><td colspan="3" align="center">在所有符合儿童表现的项目上打钩</td></tr>
<tr><td>□儿童发起的活动</td><td>□儿童独立完成</td><td>□所花时间（1～5 分钟）</td></tr>
<tr><td>□教师发起的活动</td><td>□在成人的指导下完成</td><td>□所花时间（5～15 分钟）</td></tr>
<tr><td>□对儿童来说是新任务</td><td>□和同伴协作完成</td><td>□超过 15 分钟</td></tr>
<tr><td>□对儿童来说是熟悉的任务</td><td></td><td></td></tr>
</table>

逸事记录：描述你看到儿童做了什么和（或）听到儿童说了什么。

ⒸGronlund 2006，修订自 Gronlund and Engel，2001　　2006 年 7 月制

　　你可以帮助教师学习、分析这样的档案袋记录，进而确定儿童的进步水平，评定适当的等级。教师培训活动 21 给出了相关的指导。

教师培训活动 21

通过档案袋记录来评定儿童的表现

目的： 看档案袋记录的例子，练习对儿童在特定学习标准上的进步作出评定。

做什么： 参见附录 A 学习材料 14。

使用学习材料 14 中的档案袋样例，或者你所在教育机构制作的档案袋。让教师阅读其中的观察记录，看记录的背景信息（表格中间部分的多选框）以及附上的照片或儿童作品取样，然后请他们决定该儿童的表现可评定为何种等级，要考虑每个等级是否有明确的证据，不能猜测或假设，必须有证据作为评级的坚实基础。

集体讨论： 鼓励教师讨论档案记录中对幼儿的描述及对其行为所评定的等级。同样，这里的讨论也没有必要达成完全一致的意见，可以提出下列问题：

● 你看到儿童做了什么或者听到他（她）说了什么，让你作出了这样的评定？

● 评定等级困难吗？你必须要考虑哪些因素？

五、评价儿童能做什么，而不是做不了什么

观察儿童能够做什么，可帮助教师对儿童的能力形成更准确的判断。我们发现有些教师在评价儿童的成长时，把完成"检核清单"当成了首要任务。他们将评价内容看作所有儿童都必须以同样的方式完成的一系列任务。他们设计一个活动，让每个儿童都参加，然后在检核清单上勾出儿童能完成的项目或展示出的技能。这种方式不是真实性评价，因为这些任务是出于评价的目的而特意设计的，实际上属于测试的一种形式，经常是一次性的。儿童在当天、当时表现出的水平可能高于也可能低于他（她）日常的一般水平。在教师培训活动 22 提供的录像片段中，西尼没能成功地把拼图拼好。如果一个教师在那个时间点用检核清单来评估她解决拼图问题的能力，她可能会将西尼评定为不达标。但是，西尼在这段录像中展示出了其他的能力（比如，坚持性、对挫折的忍耐性）。我们想提醒教师不要局限于自己的观察而忽视了儿童在其他方面的成功。我们想让教师评价儿童能做什么，而不是做不了什么。教师培训活动 22

"对问题解决技能的聚焦观察"中使用了西尼的录像片段。

教师培训活动22

对问题解决技能的聚焦观察

　　目的：让教师的观察超越检核清单，观察儿童能做什么。

　　做什么：使用本书配套的DVD，播放录像片段5"拼图"。该片段展示了西尼(4岁10个月)和嘉德(5岁1个月)的活动情况。请教师观看录像时注意西尼解决拼图问题的能力。请他们写下自己看到了什么，提醒他们要进行真实、描述性的记录，而不是解释性的记录。之后，让教师参考本州早期学习标准，找出与问题解决技能相关的条目。

　　集体讨论：在录像片段中，西尼的拼图完成得不好。她不断地把拼图块放到错误的位置，转来转去，就是拼不对。在讨论中，要提醒教师，如果将观察局限在拼图能力上，可能会对西尼作出较低的评定。要鼓励教师留意西尼展示出的其他技能和特质。例如，她没有沮丧；她允许嘉德帮助自己；她专注于任务，表现出了坚持性。这样的讨论有助于教师认识到，如果超越检核清单所列的技能(在本例中是拼图技能)，就能够得到更多的信息，了解儿童的学习品质。可以提出以下问题引导讨论：

- 你觉得西尼玩拼图玩得很棒吗？
- 你看到西尼展现出了哪些其他技能和特质？
- 西尼表现出自己能做什么？
- 教师的记录哪些一致、哪些不一致？大家看到不同的能力了吗？为什么大家会看到不同的能力？
- 大家观察到不同的特质了吗？你觉得是什么？
- 为了帮助西尼提高问题解决能力和拼图能力，你下一步会怎么做？

六、为儿童建立包含多个领域的个案

　　在现实中，一次观察无法为儿童的能力、学习风格、兴趣提供一幅完整而丰富的画面。即使教师是在做快速而容易的记录，也应依据在多个时间段、对儿童在各个发展和学习领域进行的观察。教师并不能把所有观察结果都记录下来，那样会耗费太多的纸张。相反，教师应选择对于建立个案来说比较重要的方面。"这是学前教育工作者的一项非常重要的任务：思考你从儿童身上了解到的东西，弄清你要为他做什么。"（Gronlund and James，2005，121）教师培训活动可以为教师提供机会回顾观察记录，为儿童的成就及其兴趣建立个案。你可以用一个儿童的多段录像或一系列观察记录来让教师进行练习，就像教师培训活动 23"为儿童建立包含多个领域的个案"所展示的一样。

教师培训活动 23

为儿童建立包含多个领域的个案

目的：让教师练习如何汇总各个领域的信息，对儿童的发展作出评价并设计符合其需要的学习活动。

做什么：参见附录 A 学习材料 15。

使用本书配套的 DVD，播放录像片段 6"创作音乐"、片段 7"听故事"和片段 8"橡皮泥、杯子和望远镜"。这三段录像都记录了克里斯蒂（2岁 7 个月）的活动。或者你可以使用学习材料 15 中关于克劳迪娅的观察记录。如果你用的是录像，就让教师观察克里斯蒂的活动表现，记录下他所做的事情，或者让他们阅读克劳迪娅的观察记录，然后请他们回答下列问题：

● 这名儿童能做什么？在做什么？他（她）的兴趣是什么？是如何展现出这些兴趣的？他（她）具有哪些技能？

● 这名儿童发展的下一步是什么？这名儿童还不能做什么？

● 为了帮助这名儿童发展其能力和兴趣，针对他（她）还不能做的事，你将如何做？你会使用哪些材料、活动、教师支持、同伴支持和特殊的资源？

请教师思考儿童的成就、兴趣和需要，考虑为促进儿童的下一步发展要制订什么样的教育计划。请大家相互分享自己的想法。

集体讨论：请教师分享各自的想法，相互比较为儿童制订的教育计划。

七、使用观察来促进教学

评价是观察儿童的重要目的，但观察的根本目的是促进教学。教师通过观察来为每个儿童制订个别化的课程。我们发现这一点最好在后续跟踪性的培训活动中加以说明。在后续跟踪性的培训活动中，我们请教师说出自己在观察儿童中取得的进步和遇到的困难。我们总是会听到很多人说自己没有时间观察、不好安排观察等。也听到有教师在早期学习标准与评价过程的整合中遇到了困难。通常，这些困难是由于教师对学习标准的表达用词、相关技能或特征的不熟悉造成的。我们还经常听到教师的成功经验，反映出他们在教学中的进步。教师告诉我们：

"我比从前更加了解我的孩子们了。"

"观察帮助我关注于个体的儿童，而从前我是把孩子们作为一个整体看待的。"

"我们更好地认识了儿童能做什么、不能做什么。我们更认真地倾听他们想要和我们交流的东西。"

另外，当要求教师更自觉地将早期学习标准贯彻于课程之中时，他们这样回应：

"早期学习标准聚焦了我们的活动和关注点。"

"我们更清楚地认识到自己的课程和活动中缺少了什么。"

"只要我们设计好了，学习标准自然就可以从儿童和材料以及与同伴的互动中流露出来了。"

"早期学习标准让我们更清楚地看到学生们在教学中展示出的特定技能是什么。"

教师的话反映出评价过程对课程的重要影响。就像我们之前提到的，评价和课程是两个不可分割的部分，融合于持续不断的变化过程中。图7-1展示了评价和课程循环式相互影响的过程供你参考。

帮助教师将评价和教学联系起来很重要。我们结合维果茨基的理论（Berk and Winsler，1995），请教师思考自己的观察结果，找出儿童的最近发展区（Zone of Proximal Development，ZPD）。我们提醒教师，当儿童开始尝试一种新技能或表现出新的想法，但需要他人的帮助才能成功时，就表现出了最近发展区。儿童尚不具备独立完成任务的能力。教师此时的角色就是决定如何在其最近发展区中提供最有力的支持，让他迈

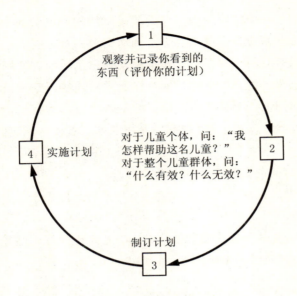

图 7-1　评价与教学过程

向独立和成功。维果茨基将成人的角色称为"支架（scaffolding）"。如果用建筑工地的场景来比喻，支架能保护工人跌落的话，那么在帮助儿童学习新东西的过程中，教师就应保护儿童免于失败，并为其提供支持。教学的艺术在于判定儿童何时独立，从而抽身出来，撤除支架。在教师培训活动 24"你已经观察了儿童，现在要做什么"中，教师回顾自己的观察结果，找到儿童的最近发展区，然后要决定如何在儿童的最近发展区内提供支架和最有力的支持，使其在相应的技能或概念上迈向成功。

教师培训活动 24

你已经观察了儿童，现在要做什么

目的： 帮助教师使用观察得到的信息，更好地促进儿童新的学习。

做什么： 参见附录 A 学习材料 16a 和 16b。

使用学习材料 16a 和 16b，讨论最近发展区的定义。其中一种定义是，最近发展区是"儿童尚不具备独立技能，但在成人或同伴的支持下能够成功的区域……当一个任务处于儿童的最近发展区时，儿童可以越来越独立地去完成它。"（Gronlund and James，2005，101～102）伯克与温斯勒（Berk and Winsler，1995，26）对成人在儿童最近发展区中提供支架式支持的角色进行了这样的界定：

按照维果茨基的理论，教育的角色在于为儿童提供处于其最近发展区的经验——能够对儿童造成挑战，但在成人细心的引导下可以完成的活动。这样，成人承担起较多责任，通过积极地引导儿童的发展轨迹，确保儿童的学习最大化。教师的角色，不是教授儿童早已准备好学习的内容，或是为儿童安排一些他们已经具备必要认知能力的任务，而是要提供处于其最近发展区或者说略微高于其独立能力水平的任务。

集体讨论：请教师自己观察儿童并寻找处于其最近发展区的经验，问他们是如何支持儿童学习的。请教师相互交流如何为儿童的活动提供支持，从而不断地为儿童提供挑战，促使其不断进步。

在下一章我们将提供一些指导教师的策略，帮助你引导教师去应对课程和评价实践中发生的变革。

参考资料

Berk，Laura E.，and Adam Winsler. 1995. *Scaffolding children's learning：Vygotsky and early childhood education*. Washington，D. C.：National Association for the Education of Young Children.

Bowman，Barbara T. 2006. Standards at the heart of educational equity. *Young Children* 61(5)：42-48.

Gronlund，Gaye. 2006. *Make early learning standards come alive：Connecting your practice and curriculum to state guidelines*. St. Paul：Redleaf Press.

Gronlund，Gaye，and Marlyn James. 2005. *Focused observations：How to observe children for curriculum and assessment*. St. Paul：Redleaf Press.

New Mexico PreK early learning outcomes. www. newmexicoprek. org. Accessed June 1，2007，at www. newmexicoprek. org/index. cfm? event＝public . prek. Materials.

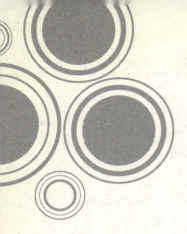

第八章 通过现场指导，应对教师
对课程和评价变革的抵触

　　你可能发现，教师对课程和评价方式的变革，表现出各种形式的抵触；但又要求他们自觉地思考儿童的学习过程，同时认识到必须允许儿童在自然游戏过程中展示自己的学习方式，这是一个复杂的任务。它要求教师持续不断地关注儿童，增进对其个性和能力的了解，在活动现场快速地作出决定，按照需要调整儿童的活动，改变教学策略和观察方式。教幼儿学习是件累人的工作！但也是有趣的，它会让你体验到不一样的成功感。学前教育的领导者们在努力为课程和评价实践带来改变时，必须记住这一点。

　　我们建议，你可以通过在教室中为教师提供现场指导来应对他们对变革的抵触。这将允许你针对各位教师的不同需要、个性和教学风格提供个性化的帮助。这种方式能鼓励教师展示自己是如何把教师培训中学到的概念和理念应用到实践中的。同时，你也有机会看到教师在特定的儿童个体、班级和日常活动流程中遇到的困难。当你和教师、儿童在一起时，除了观察，你还可以通过示范和展示，告诉他们你的做法。在本章中，我们会指出教师抵触课程和评价变革的可能表现方式，并告诉你如何对他们提供指导。

一、对课程变革的抵触

　　当你观察和指导教师接受新的课程理念、整合早期学习标准时，你可能会看到教师对变革的抵触有几种不同的表现方式。我们将指出四种可能的表现方式，并提出一些指导策略。

抵触形式 1：要求教师在其教学和活动计划中整合进早期学习标准，但是他的计划中却包含一些并不涉及学习标准的材料或"可爱"的活动。

指导策略：我们应对这种抵触形式的办法是，和这些老师个别谈话，讨论他们想让儿童在活动当中学到什么。以我们的经验可以发现，教师在头脑中很清楚自己对儿童学习的期望。比如，在一次指导活动中，一位很有经验的教师茱莉说："我脑子里知道，只是没写下来而已。"我们此时的任务就是让她知道把学习目标写下来的价值所在。我们在和茱莉的交谈中指出，把学习目标或标准写在教学计划中，就能更好地和家长交流。她认识到了，对那些要求教师"学业化"以便让孩子做好入学准备的家长，这样做更能清楚地向他们说明：即便儿童在游戏，这些游戏经验中也包含了有目的的、精心设计的学习目标，并能帮她更好地解释自己是如何在游戏中促进儿童学习的。她还发现，对于之前质疑自己的课堂上游戏分量太重了的机构负责人，明确地写下学习目标可以帮她更好地予以回应。

我们建议在类似的交谈中，当教师指出了儿童的学习目标时，你就将其写下来。你承担的是抄写员的角色，但实际上是在向教师示范，目标应当写在教学计划之中，将教师对儿童思考的结果予以确认。偶尔，你可能遇到制订的学习目标和早期学习标准之间没有关联的教师。比如，她可能"因为艺术区活动很有趣"而设计弹珠绘画活动。你可以先肯定教师依据儿童的兴趣设计活动的做法，然后指出我们可以超越趣味性，找出活动中能够体现出的学习目标或早期学习标准。将可能包含在内的学习内容列出来（如精细动作控制、描述弹珠运动时要运用的词汇、各种颜色颜料的混合方法等），能够帮助教师更清晰地看到如何在儿童喜爱的、有趣的活动中贯彻学习标准。

抵触形式 2：教师的教学计划中写下了教学目标，但是在你观察活动时，却看不到这些目标得到实施。

指导策略：我们发现，教室现场观察有助于我们和教师进行更多的交谈，帮助他们更明确地实施学习目标。在观察之后，我们建议你与教师交谈，询问他感觉自己是如何在活动中体现学习目标的。你可以提出一些观察到的具体实例，讨论在这些实例中可以怎样体现出学习目标。你可以向教师建议增添哪些学习材料、对儿童做怎么样的点评，以此支持其对相关目标的学习。你可以帮助教师看到，还有其他的方式能更有意识地促进儿童学习。你可以和教师一起列出适合于儿童的开放性的问题及点评。

抵触形式 3：教师只有在其主导的活动，如大组或小组集体活动中，才会关注学校目标和早期学习标准。教师期望儿童坐好、倾听，从老师那里被动地接受信息或者进行单调重复的技能练习而取代了游戏化的探索活动。

指导策略：在此，我们发现观察和报告很有价值。此种情况下你可以和教师交谈，与他一起回顾那些涉及如何将早期学习标准整合到游戏和日常常规中去的教师培训活动。将教师从各个学习区域（参见教师培训活动 8）以及日常生活常规（参见教师培训活动 9）中找到的早期学习标准打印出来，这对教师培训很有帮助。然后你就可以在和教师的讨论中提到这些学习标准，扩展其思路。你可以激发他认识到：儿童在学前教育机构中的每一分钟，都有可能在学习。告诉教师，你期望在未来的工作中看到他每时每刻都关注儿童的学习。

抵触形式 4：教师在活动计划中写下了学习目标，你也可以观察到实际活动中体现了这些目标。但是，当儿童的能力发生变化时，却看不到教师实施目标过程的相应变化。相反，每一周的活动包含的目标都是相同的。儿童的行为表现已经说明他们对现有活动早已失去了兴趣，希望能够用更具挑战性和更有趣的方式进行学习。

指导策略：我们发现，当儿童的行为很难管理和引导时，教师就非常需要为幼儿提供帮助和支持。你可以利用这个机会，帮助教师看到，儿童的行为深受活动安排的影响。在此种情况下和教师交谈时，你可以回顾"teaching continuum"（见学习材料 1a）以及对于儿童参与度的讨论（教师培训活动 1、活动 2、活动 3 和活动 4）。你可以提醒教师，他所设计的活动应该调整，要具有动态性，以激发儿童的兴趣和适度的关注。下面的故事是一个指导教师解决这个问题的例子：

> 玛丽·安妮是三四岁幼儿的老师。在活动设计中，她写下所有活动包括日常常规所涉及的早期学习标准和学习目标。但是她的督导——艾拉，担心她没有针对儿童的需要做出调整，她班上的儿童经常出现行为问题。艾拉在看到儿童在活动中的表现时开始担忧起来。

一连两三周，玛丽·安妮都在感官体验区投放了沙子、小塑料铲子和容器。她为该领域设计的学习目标是自然中的科学和数学：让孩子们探索沙子的特性，估计要填满不同的容器需要几铲子沙子。从第一天起，孩子们在感官活动区进行的活动就不积极。随着孩子们挖沙子的动作越来越粗野，安全开始成为问题。沙子被弄得到处都是，包括孩子们的眼睛里和地板上。孩子们在撒满沙子的地板上滑来滑去，他们的声调越来越高，挖沙子的动作越来越大，笑声和叫声越来越兴奋。玛丽·安妮和同事们试图在一旁提醒孩子们动作轻柔一些，向他们描述沙子看起来像什么、摸起来感觉怎么样，但是没有效果。每天，孩子们的行动都是一样的，而教师们仍然连续两个星期提供了相同的活动。

　　在进行观察后，艾拉和玛丽·安妮一起就"为什么这个活动这么迅速变糟了"的问题进行讨论。她们一起看了"教学连续体（teaching continuum）"，讨论儿童参与活动的程度。她们都同意这个活动是儿童主导的，教师的策略是对儿童的行为予以确认、示范和促进。她们也赞同，这个活动没有成功地让儿童以安全而富有成效的方式去探索沙子的特性。艾拉想知道有没有为儿童的活动搭建支架的办法，让他们的探索活动建立在更高的认知水平上并且具有更清晰的学习目标。她指出，这些学习目标可以为儿童挖沙子的行为确定更为明确的方向，增强活动的安全性。她建议玛丽·安妮在沙子里埋进小动物和恐龙。艾拉还建议玛丽·安妮阅读有关考古学的书籍，了解埋在土里的动物残骸如何被发现、科学家是如何根据这些残骸了解其生活年代的面貌的。最后，她建议不要投放铲子和容器，而是提供一些更小的工具，这样儿童在挖沙时就会运用精细动作技能（如小刷子、小勺子）。然后，当儿童发现沙子里的动物时，就可以进行扩展活动，如将找到的动物分类，把发现动物的过程用图表记录在班级手册或故事书中。现在，这个活动就包含了多种学习目标。为了帮助儿童朝这些目标努力，玛丽·安妮和同事们必须改变他们的教学策略。现在，他们要与儿童共同建构，不断帮助他们增加活动的复杂性，提升认知水平和动作方面的挑战，从而让儿童的行为安定下来。玛丽·安妮后来报告说这些措施收到了积极的效果。

或许你还可能看到教师抵触变革的其他形式。花时间在教室中进行观察和指导、与教师们交谈，是帮助教师接受变革、勇于尝试、促进教师不断成长和学习的有效方式。

二、应对教师对评价变革的抵触

作为一名指导者，在教室里与教师直接接触有利于你对教师的工作给予个别化指导，满足教师的需要及其个性特征和教学风格。指导者与教师一起工作，给教师带来的是动力，激励教师主动向你展示他们是如何努力将教师培训中学到的概念和理念运用到实践中的。同时，你也有机会看到他们在进行儿童评价时如何安排时间，而这是观察和记录过程的一个重要方面。我们发现，时间不够是教师在实施真实性评价时最常提出的困难。每位教师都要找到自己安排时间的方法，可能必须尝试多种方式直到找到合适的一种。作为指导者，你可以用自己的观察结果帮助他们进行记录，也可以向他们示范如何高效率地评价儿童。根据我们的经验，你会看到当教师接受了真实性评价方式后，他们会在教学中发生一些改变。再次说明，评价能够使教师更积极、更有意识地思考课程的改进方法。

在观察和指导教师进行真实性评价，进而将早期学习标准融入日常实践中时，你可能会看到教师对变革的抵触表现为几种不同的形式。我们指出了两种可能的形式，并为你提供一些指导策略。

抵触形式 1：我们最常听到的抱怨是，观察式评价太费时间了。我们请教师具体说一说，找出让他们感觉费时间的事情。下列内容是他们常谈到的：

"每天和孩子们在一起都很忙，很难抽出时间来做观察记录。"

"感觉观察会让我离开儿童。"

"我总是不能及时将观察结果记录下来。可过段时间就记不清了。"

"难以确定哪种记录的形式是最好的。"

"观察记录要写多少？怎样才能记录得既快捷又能准确描述儿童的活动呢？"

"整理观察记录、照片、作品取样是个挑战。"

"需要花时间去学习用以评价儿童表现的学习标准。"

指导策略：教师们经常感觉难以抽出时间来观察，这源于一个普遍误解：很多教师认为，为了观察儿童，教师必须从活动中抽身出来，不以任何形式与儿童发生互动。我们努力帮助教师认识到事实并非如此。在教室里和教师一起工作时，你可以向他们展示观察可以随时进行：当教师和儿童交谈时、一起玩游戏时、一起做活动时，甚至当教师转过身时，也可以观察！教师一直在倾听、感觉、观察儿童，不断地收集教室各个角落的信息。他们真的脑袋后都长着眼睛。问题是，为了记录观察到的东西，他们感觉自己不得不从与儿童的互动中抽身出来，集中精力于记录的过程。在观察过程中引入早期学习标准，进一步加强了这种误解。当你在教室里观察和指导教师时，我们建议你帮助他们学习如何在和儿童的互动中进行观察和记录，同时也句他们示范如何将学习标准整合进观察过程中。你可以这样做：

- 成为另一双眼睛和耳朵。
- 介绍其他的记录形式。
- 帮助他们整理记录结果。
- 请他们把早期学习标准整合到教室里的标记、儿童作品展示栏、布告栏和家长交流簿中。

(一)成为另一双眼睛和耳朵

首先，要帮助教师认识到在一天内能够观察到多少东西。作为指导者，你可以到教室里去，成为教师的另一双眼睛和耳朵。你可以记录下你和教师都观察到的东西。然后，在你离开教室前进行简要的总结，帮助教师评估观察结果，确定儿童的表现体现了哪些早期学习标准，以及如何最好地记录儿童的进步情况。你所做的观察笔记，可以和教师收集的信息放在一起，或是放入儿童的档案袋中。你也可以拍些照片、收集一些儿童的作品。

(二)让不同的教师采用不同的记录形式

向教师介绍其他的记录形式，可以帮助他们发现何种形式最适合自己的组织风格。有些记录形式适合在观察结束后马上记录，有些则可以过段时间再记。教师必须尝试多种形式，这可能会导致其放弃其中一些形式，这没有关系。他们会越来越能掌控评价过程，发现适合自己的记录风格。比如，有些教师可能喜欢列出儿童的活动，因为他们在生活当中也喜欢列单子。有些可能更喜欢拍照片，或是做很简单的记录，然后在儿童离园后再回顾。照片或简要的记录能激发起他们的回忆，这样在一段时间之后也能记下儿童做了什么和（或）说了什么。你可以向教师示范如何用"快速检核记录表单"来记录儿童的活动，就像在本书第七章第三部分介绍的那样。你的观察笔记能为教师提供示范，教他们如何描述得既简要，又足以真实地抓住儿童的所做、所说。如果教师的记录很长，你可以帮助他们进行修改，只保留关键的信息，舍弃不必要的细节。鼓励教师找到最适合自己的记录方法，是发展其评价能力的关键之一。

（三）整理记录

一些教师感觉整理记录很费力。他们可能把观察记录写在便笺纸上或索引卡片上，但是不知道如何进行整理。有些教师拍了很多照片，然后就不清楚要选其中的哪些用于评价、哪些用于展示。如果采用的是档案袋形式（比如"新墨西哥州学前教育项目聚焦　档案袋信息收集表"，参见本书第七章第四部分），教师们可能会弄不清应该什么时候去填这些表格。你可以帮助他们设计一个文件归档系统，决定何时去整理观察记录。我们建议为每个儿童准备一个文件夹，做好标记，装入整理箱中，放在教室里能够看到的地方。教师写下观察记录后，能够尽快地把它放到儿童的文件夹里面。我们也建议，如果教师记录时的字很整洁，就可以直接把它贴到儿童档案袋中，不必重新誊写。使用 5 英寸×7 英寸[①]的便笺纸或索引卡记录，这样做起来就很方便。如果你是机构的负责人，你也许想要每周给教师留出特定的时间用来整理档案。即便每周只有半个小时也是有益的。新墨西哥州查帕拉尔市的 HELP 项目中，将这段时间称为"神圣的时间"，不允许有人打扰。在这段时间里，教师在一起工作，讨论本周他们看到的儿童活动，撰写和编辑观察笔记，之后将儿童的照片及作品取样一起放入档案袋。

（四）学习早期学习标准所使用的语言

我们看到在将早期学习标准整合进观察评价过程中时，教师遇到的

---

① 　约 12.7 厘米×17.8 厘米——译者注。

　　另一个挑战是要学习早期学习标准所使用的语言。这需要时间和练习。我们提供的很多教师培训活动都能帮助教师熟悉自己所在州的早期学习标准。然而，将它们运用到儿童的活动中就是另一回事了。让教师制作写有早期学习标准的标记（就像本书第五章第三部分介绍的那样），能起到帮助作用。在讨论中，关注儿童展现学习标准的不同方式，能让教师去考虑哪些活动和时间段能够体现学习标准。这些讨论可以在教师会议中定期举行，也可以在个别指导时进行。

　　很多教师在教学中开展与项目教学（Project Approach）或瑞吉欧课程类似的小研究项目，并用档案来加以记录。他们收集儿童的画作和文字作品，当儿童参与感兴趣的长期项目时给他们拍照（教师也会为他们适时拍照）。就像在教师培训活动12中提到的，这些形式的档案可以提供非常丰富的信息，便于依据早期学习标准开展评价。在进行教室里的指导以及召开教师讨论会时，你可以帮助教师阅读他们对项目活动的档案记录，判定儿童朝向学习标准发展时表现出了哪些进步。

　　布告栏和家长交流册可以用于鉴别活动中体现出的早期学习标准。制作它们的过程能帮助教师更加熟悉学习标准。茱莉·奈夫，一位印第安纳州的幼儿教师，她在任教的学校走廊里制作了一个布告栏，记录儿童的学习情况。她贴出儿童在教室各个区域进行探索和游戏活动的照片，

图 8-1

在照片上标记出该活动的学习目标。她将这些目标与《印第安纳州0～5岁幼儿学业学习标准》(*Indiana Academic Standards for Young Children from Birth to Age 5*)联系在一起。茱莉报告说，人们对这个布告栏的评论超过了她从前展示过的所有东西。不仅家长们欣赏这种做法，教师和管理者们也给予了积极的评价，甚至幼儿也喜欢看展示的照片。但是让茱莉感到惊讶的是，小学生们也给予了极大的关注和很多的反馈，他们站在布告栏前，研究上面的照片，谈论他们在上面看到的幼儿活动。茱莉定期地更换照片及其学习目标，使这块布告栏展示着她的教室生活中的改变。

　　茱莉的同事，梅丽莎·梅尔兹，在用照片展示学习目标时采用了不同的方式：她把照片贴在一页纸上，放到每周的家长交流册中。之前，梅尔兹听到有些家长问为什么孩子没有多做些纸面作业，梅尔兹努力解释她的理念：幼儿通过动手操作比通过纸笔学得更多。但是她不确定家长能否理解这一点。现在她每周都送给家长一些儿童活动的照片看，家长的反馈非常积极。家长不再要求纸面作业了，因为他们能够看到自己的孩子在活动中学习了！

图 8-2

图 8-3

抵触形式 2：有些教师觉得将观察式评价融入幼儿的游戏、探索活动和日常常规中很困难。他们仍然将课程和评价视为两个完全分离的过程。因此，当他们为了评价而记录儿童的表现时，就倾向于就所评价的技能或概念设计测验性任务。这些测验性任务常常是教师主导的而不是儿童自发的，并且不符合儿童的兴趣。为了评价儿童，可能要将他们从正在积极参与的活动中拉出来。这样，评价的效度就成问题了。另外，每个儿童的记录看起来都一样，并未反映出每个儿童的个性和展示技能的独特方式。

指导策略：这种抵触通常只有在教师做了一些记录后才能发现。我们建议你在指导工作时，要定期地抽查教师的观察笔记和档案样本。当我们做这样的检查时，会请教师挑选两种笔记和档案袋与我们分享，这两种情况包括：

● 教师感觉抓住了儿童的行为，是能展现他(她)典型的发展水平的，换句话说，教师感觉是有信心的。

● 让教师感到纠结的。教师可能发现难以准确地用真实的、描述性的语言写下某些儿童的表现(当儿童出现行为问题时，经常会这样)，或者教师不确定自己有没有把所有必要的信息都记录下来。

让教师选择给你看哪些观察笔记和档案样本，给他们一些控制分享过程的空间。我们发现，让教师针对上面两类情况分别提供 4～6 份记录或档案，就能让我们很好地看清教师记录得怎么样。你的指导可以依据检查的结果进行，可以是以下几种：

● 进行头脑风暴活动，让教师思考在儿童自发活动和日常常规中，以超越测验性任务的形式去记录早期学习标准。

● 帮助教师进行个别化的活动描述。

● 强调个人反思的重要性。

(五)超越测验任务

当教师提供给你的观察笔记和档案样本看起来是在测验性任务中，而不是在儿童自发活动和日常常规中得到的，你可以与他们进行头脑风暴活动，思考儿童可能通过哪些其他方式表现出相同的技能或概念。你可以回顾教师培训活动 8 中针对不同的教室活动区域所列出的学习标准清单，以及教师培训活动 9 中针对日常生活常规所列出的清单。你也可以在教室观察时自己做一些记录。我们发现教师很感谢我们这样做，你这样就是向他们示范了如何进行观察式评价。

(六)个性化的记录

如果教师对几个儿童的记录看起来趋于程式化，也就是说，每个儿童的观察笔记使用了几乎完全相同的语言，你可以帮助他们做个性化的记录。鼓励他们描述儿童的某个活动（可能对几个儿童都描述同一种活动），然后往里面增添一些反映该儿童个性特征和独特参与方式的信息。刚开始时，对几个儿童的观察笔记都一样也没有关系，只要记录下每个儿童的行为和言谈即可。这里有一个例句，可以用在记录几个儿童共同参与的活动的开头：

今天，孩子们把食用色素和水调在一起，然后用它来画画。

教师可以写下这句话，然后为几名儿童拍些照片。之后再针对每个儿童记录下一些活动的细节。这里有两个例子。

> 例 1：今天，孩子们把食用色素和水调在一起，然后用它来画画。乔恩把黄色和蓝色混在一起。"嗨，是绿色的!"他说。然后他用这个绿色颜料画画。他也把蓝色和红色颜料混在了一起。"这两样做成了紫色。"他说。

> 例 2：今天，孩子们把食用色素和水调在一起，然后用它来画画。凯拉把大部分时间都用来混合颜料。她仔细地从眼药瓶里挤出少量的食用色素滴到水里，然后观察颜料慢慢地沉入水中，变换着颜色。她独自忙着，不和别人说话。我坐到她身旁，问："你看到了什么，凯拉?"她小声说："我在做彩虹。"

作为指导者的重要任务之一，是鼓励教师查看自己的记录，确保这些记录做到了个性化。这样就能让教师认识到，他们的记录能够为每个儿童的进步、兴趣、学习风格和个性创造出一幅充分而丰富的画面。

三、反思的重要性

就像在第三章中提到过的，我们看到反思是成人学习过程的重要组成部分。在你指导教师时，可以鼓励教师反思自己在思考课程和评价问题时发生的改变。我们建议你采用本书第七章第二部分提出的几个步骤，请教师评价自己在接受新做法方面取得的进步。请每位教师思考自己在此方面走到了哪一步，给自己作出评定：

● 是否初步表现出了将早期学习标准整合入课程和评价工作，或其他教学方法之中？
● 是否在将早期学习标准整合入课程和评价工作，或其他教学方法中方面取得了进步？
● 是否成功地将早期学习标准整合入课程和评价工作，或其他教学方法之中？

我们相信学习是一个终身的过程，要鼓励教师们营造持续不断地学习和进步的氛围。所以，即便某位教师感觉自己已经达到了我们共同为其设定的目标，我们仍然会鼓励他们考虑自己下一步的成就：他们还将如何成长？他们还想探索哪些新的领域？

我们建议营造一种期待变革的气氛，即使一个人取得微小的进步，也值得庆祝和支持。和教师讨论个人所取得的进步，建议他们通过日记和相互讨论来记录自己的进步历程，会让他们意识到自己的成长并为之庆贺。

在教室中进行现场指导，与有效的进行性的教室培训活动一起，能构成一个强有力的组合。两种方式都要求精心地计划，并且要善于发现、理解教师个人的能力优势和个性特征。就像儿童一样，教师在学习和成长中会处于不同的阶段，在接受变革和尝试新事物的意愿上也有分别。作为带领教师学习的人，我们需要像幼儿教师对待幼儿一样，将观察和评价整合起来运用到教师培训当中。我们需要反思自己在教室中看到的情境，问自己怎样才能最好地帮助教师。这样才能带来更好的计划，提供更好的支持，以利于再去进行下一轮的观察。

四、最后的思考：经验性的学习

在本书中，我们集中讨论了经验性学习。库尔珀和弗莱（Kolb and Fry，1975)指出了经验性学习的四个组成元素：

- 具体的经验。
- 观察和反思。
- 形成抽象的概念。
- 在新的情境中尝试。

在本书中，即便在教师培训活动中介绍新的观点时，我们也尽量让教师反思自己的经验。在指导策略中，我们也建议你和教师一起，将新的教学及评价方式方法尽快在教室中尝试。我们希望你在教师培训和指导工作方面有所收获。我们鼓励你为教师设计一些经验性学习的其他方式，并将上述四个元素包含进来。

对很多人来说，变革是个困难的过程。我们可以告诉他人，在这个变革的过程中，我们都在一起，我们所学习和改善的东西是有益于幼儿的，我们要帮助他们为接受变革做好更充分的准备。作为教师培训的领导者、机构负责人、教师，我们需要担当、激情、勇气和奉献。我们坚信，只要我们汇聚团队的愿景，去尝试新的思想、进行新的研究、重新评估教学和评价方法，同时对幼儿及其家庭保持一颗真诚的求真向善之心，学前教育事业的明天就一定会更好。

参考资料

Indiana Department of Education and Family and Social Services Administration，Division of Family Resources，Bureau of Child Care. 2006.

Foundations to the Indiana academic standards for young children from birth to age 5. Revised：August 2006. Accessed May 16，2007，at www. doe. state. in. us/primetime/welcome. html#1.

Kolb，David A. ，and Roger Fry. 1975. *Toward an applied theory of experiential learning.* In Theories of group process，ed. C. Cooper. London：John Wiley.

附录 A

教师专业发展活动学习材料

接下来呈现的是本书用到的学习材料。将它们收录在这里的目的，是让您在阅读本书的过程中能更容易地翻看。我们希望这些学习材料对您的工作有所帮助。

学习材料 1a(教师培训活动 1)

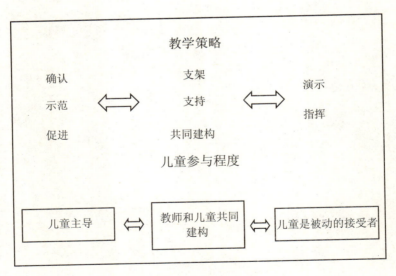

教学连续体(Teaching Continuum)

学习材料 1b（教师培训活动 1）

扔小熊

阅读下面的案例，找出教师可以用哪些教学策略来促进幼儿的学习。

教师请 3 个 4 岁的男孩把彩色的小熊归类放到圆形收纳盘中。当教师在场的时候，孩子们相互配合着，一边交谈一边归类。五六分钟后，教师离开去另一个活动区了，孩子们的行动变化了。"嗨，"阿莱克说，"咱们看看谁能把小熊扔进收纳盘！"他们把收纳盘放到桌子的另一头，开始朝它扔小熊。开始时大家瞄准了扔，小熊飞到桌子上落在托盘里，有的因为惯性弹到了桌面上。孩子们大笑起来，越扔越起劲儿，笑声越来越大。很快，他们扔的小熊飞越了桌子，落到地板上。他们大声笑着，每当小熊落地，就猛敲桌子或跨过桌子。

学习材料 1c（教师培训活动 1）

以下是一些教师可能的选择。要针对教师的目标和孩子们的不同反应，作出适当的选择：

如果目标是确保安全，教师可以争取促进学生：走向他们，提醒他们别弄坏东西，不要互相伤到。教师站在旁边，让他们轻一些扔。

如果目标是维护儿童的兴趣和保证安全，教师可以提供示范：走向他们，提醒他们别弄坏东西，不要互相伤到。和他们一起坐下来，提出建议，告诉他们如何才能瞄得更准、扔得更轻柔，好让小熊落到收纳盘里。你可以说："如果你轻一点扔小熊会怎么样？会落在收纳盘里吗？我们是不是应该把收纳盘放得近一点？或者是不是可以把它放到地板上，然后站着往里扔？我们怎样才能做得更安全些呢？"

如果目标是扩展儿童的活动，教师可以提供支架和支持：走到孩子们面前问他们："这个收纳盘能装多少只小熊？我们要不要数数看？"当孩子们平静下来，认真地瞄准时，你可以引入比扔东西更高的目标。"我想知道你们能丢或者轻轻地往收纳盘里扔多少只小熊。"留下来帮孩子们数并走近观察，看他们是否按照你引导的方向去玩这个游戏，是否真的平静了下来。

　　如果目标是打断他们的活动，因为他们无法平静下来，教师可以直接管理：介绍几种其他的归类方式。"我们不要再扔小熊了，因为这样不安全。我担心收纳盘会被打碎，或者小熊会砸到其他的小朋友。"然后向他们建议尝试几种其他的做法。"咱们坐到桌子旁边去归类吧，要按照大小归类，还是按照颜色归类？我看到有小的熊、中等的熊，还有大的熊。我还看到它们有各种不同的颜色。咱们应该怎么归类呢？"和孩子们待在一起，让他们按照这个方向做下去，并为他们的归类活动提供帮助。靠近观察，看他们是否按照这个方向做下去，是否真的平静了下来。

　　如果目标是丰富儿童的经验，延伸出更长时间的活动，教师可以选择共同建构：向他们提出挑战性的任务。在归类活动中，下一步的目标是创造出模式。可以示范一个简单的模式，按照颜色或大小两个两个地依次摆放小熊。在摆放出你的模式后，跟孩子说："我要挑战一下你们！你们能说出我接下来要放什么样的小熊吗？你能看出它们的颜色和大小是怎么重复的吗？你们能摆出一个像我这样的队伍来吗？"这样，就调动了孩子们的认知和积极性，使他们进入了更高水平的思考和运用知识的层次。

学习材料 2a(教师培训活动 3)

在你的日常活动中，找到不同类型活动的平衡。

呼气时间

（早晨，活动转换之后，活动时间或选择时间）
开放式的、自由选择活动材料的活动，让儿童进行自
我表达、运动、操作活动、创造性活动、建构活动及
谈话、唱歌、书写、绘画等活动。

吸气时间

（小组和大组活动，限定范围的探索活动）
倾听、谈论新的信息，学习新的概念，在教师的指
导下练习学到的技能，在限定的范围内选择活动。

学习材料 2b(教师培训活动 3)

某幼儿园半天活动日程安排

上午 8:00—8:25，来园时间

孩子们放下背包，脱下外套，走到已经准备好各种材料的桌子面前（问候、谈话；写作、画画；玩小教具，如搭建乐高积木、玩橡皮泥等）。呼气

上午 8:25—8:45，集体活动时间

孩子们参加运动游戏、唱歌、手指游戏（呼气），然后在实施一天计划之前倾听彼此间的讨论或者故事。吸气

上午 8:45—10:00，工作、活动时间

孩子们可以选择不同种类的学习活动区域或者按照教师的要求选择活动区域进行活动，活动时间为 10～15 分钟。大组活动以呼气为主；小组活动呼气、吸气皆可

上午 10:00—10:15，清洁时间

孩子们帮忙清洁整个教室。

上午 10:15—10:30，点心时间

孩子们互相交谈，吃零食。呼气

上午 10:30—11:00，户外活动时间

如果天气允许，孩子们将在户外从事各种大型锻炼肌肉的活动。呼气

上午 11:00—11:15，准备回家

收拾材料、背包、衣服等。回顾今天的活动，并为明天的活动做计划。

上午 11:15，离园

学习材料 3（教师培训活动 4）

阅读下面的两个场景，判断两位教师是维护了儿童的游戏还是干扰了儿童的游戏。

~~~~~~

场景 1

三个男孩和一个女孩（都是 4 岁）在角色游戏区域玩，他们把围巾绕在背上，称之为"魔术披肩"。他们的老师丹尼斯女士帮助他们把围巾系好，问："这些围巾有什么魔力？"雅各布回答道："它们能带我们飞！"然后大笑着围着教室跑了起来。艾力和路易斯跟着他，互相碰撞着，而亚丽杭德拉看起来很安静。丹尼斯女士说："如果你们几个男孩不安静下来，我就得把围巾拿走了。你们为什么不来这儿和亚丽杭德拉玩呢？我知道了！你们的魔术披肩能变成魔术厨师帽，帮你做出一顿大餐！"男孩子们继续跑着，而亚丽杭德拉仍然待在原来的位置。

场景 2

几个三四岁的孩子坐在桌子旁玩乐高德宝（Duplo）。罗比和布莱斯说他们在做喷气式战斗机，然后拿做好的战斗机互相碰撞，摧毁掉，大声笑着。接着，他们拿起战斗机的残骸重新拼接。拉克尔老师坐下来说："嗨，告诉我你们在干什么？你们拼的是什么？"简妮说："我在建房子。"拉克尔问道："门在哪儿呢？哦，在这儿。谁住在你的房子里啊，简妮？"当他和简妮对话时，罗比和布莱斯又在拿战斗机互撞。拉克尔说："哦，你们的战斗机一撞就碎了！我想知道是不是有办法把它们拼得更结实点。要知道，造飞机的人必须要非常努力地工作才能让飞机更安全。你们怎样才能使自己的飞机更安全一些呢？"拉克尔帮助男孩子们选择拼接飞机的材料，然后在不把飞机撞毁的情况下，测试这些材料是否连接得紧密、牢固。她解释说如果每次测试都要撞毁飞机的话就太费钱了，工程师必须用其他的方法去测试。然后她建议孩子们给不同的设计拍照，这样就能把这些设计记下来，并且能展示给别人看。桌子边的每个儿童都开始拼插，并且请她给自己的东西拍照。他们开始对拼插活动非常感兴趣，互相撞击的活动随之消失了。

学习材料 4a（教师培训活动 6）

早期学习标准	以早期学习标准为有指导的常见教学方式
孩子对计数、分组对象感兴趣、充满好奇心。 ——《佛蒙特州早期学习标准：入园儿童发展和学习指南》 另外的一些州同样也具有相似的学习标准： 加利福尼亚州、科罗拉多州、艾奥瓦州、华盛顿特区、佐治亚州、伊利诺伊州、路易斯安那州、马里兰州、缅因州、密歇根州、明尼苏达州、内布拉斯加州、新泽西州、纽约州、俄克拉荷马州、罗德岛州、南卡罗来纳州、得克萨斯州、犹他州。	计数贯穿于一日生活之中，在室内外都可以开展活动。 在幼儿一日生活中，随时都可以对孩子和没有来园的孩子进行计数，数字等方面的教学。比如说：数一数今天来园的人数，数一数一周的天数，数一数某桌子旁有多少孩子和女孩子的数量，数一数一行站了多少个孩子，数一数一座由多少块积木构成的物体，数一数一幅画中有多少个标志性的物体，数一数衣服上有几个纽扣，数一数幻灯片播放时需要多少个步骤，在喂鸟时数一数鸟类的数量等。

学习材料 4a(教师培训活动 6)

孩子的表现：兴趣、好奇心和数量意识	达成学习标准的第一步	达成学习标准过程中取得的进步	达成学习标准
	孩子对数数表现出一点兴趣，好奇心比较弱；数量意识很差，不准确	孩子开始学习数人的数量或数，有了数量意识，在数少量物体时可以做到一一对应	孩子开始学着数物体或人的数量，有了数量意识，在数大量物体时可以做到一一对应
制订适合每个孩子发展水平的课程和活动，让每个孩子获得进步	● 当孩子工作和游戏时，重复与孩子交谈关于物体、小朋友、椅子、饼干等的数量 ● 在日常考勤，点名准备、洗手，选择学习区域等日常活动中加入数数的活动 ● 唱手指游戏歌，唱有关数字的歌（如《三只带有绿色斑点的青蛙》） ● 接受孩子的发展水平，不要强制性地要求孩子对数字，以防孩子对数学失去兴趣，出现消极的态度 ● 每天都为孩子准备有趣的数学活动	● 继续与孩子重复交谈物体、小朋友、椅子、饼干的数量，让孩子帮你数，从小的数量开始 ● 在日常活动中开展数数活动，唱手指游戏歌、唱有关数字的歌（如《五只小猴子》） ● 在大组活动、小组活动或者个人活动中读有关数数内容的书，或者在读书时看数书上画的物品 ● 在户外，开展有关数数的游戏活动：跳 3 次，来回摆动 5 次 ● 全天都创设环境鼓励孩子进行数数活动	● 在谈话、唱歌、阅读等活动中，不断地增加要数数的物品数量，将数数活动融入日常生活中 ● 开展活动性强的游戏，让孩子们一边拍手一边数数，一边踩脚一边数数。西蒙说（Simon Says）①。"拍两次"如果孩子能继续数数字，可以不断增加次数 ● 向孩子们介绍数字，并帮助其理解数字与标志、数量之间的关系 ● 每天鼓励孩子们进行数数活动，并不断增加数字量

① Simon syas，英语国家的儿童常玩的一种游戏，一个儿童以"Simon says"开头发出指令，其他儿童按照指令做出动作。

学习材料 4b(教师培训活动 6)

早期学习标准	以早期学习标准为指导的常见教学方法

学习材料 4b（教师培训活动 6）

达成学习标准	达成学习标准过程中取得的进步	达成学习标准的第一步	
			孩子的表现：兴趣、好奇心和数量意识
			制订适合每个孩子发展水平的课程和活动，让每个孩子获得进步

学习材料 5（教师培训活动 8）

为教室的学习区域寻找早期学习标准

在教室中的特定工作区域里编写学习标准。

积木区

艺术区

学习材料 5（教师培训活动 8）

为教室的学习区域寻找早期学习标准

感官体验区

表演区

学习材料 5（教师培训活动 8）

为教室的学习区域寻找早期学习标准

操作区

图书区

学习材料 5（教师培训活动 8）

为教室的学习区域寻找早期学习标准

书写中心

其他区域

学习材料 6（教师培训活动 9）

标准和日常常规

挑选 3 个常规并分别写入下面空白网状格的中心，任意写下一些在参与日常活动时需要在常规中表现出来的早期学习标准。

数学　文字　学习品质　个体、家庭和社区　科学　创造性艺术　身体　日常常规

110

学习材料 7a（教师培训活动 10）

聚焦式早期学习周计划

日期_____ 教师_____

在材料丰富的环境中进行的以幼儿为中心的探索活动

积木区	艺术区	感官体验区
表演区		图书区
操作区	持续性的项目活动	书写中心
阅读和书写	数学活动	科学探究活动
建立人际关系的步骤	个别调整	
宣泄活动		户外探索活动

学习材料 7a（教师培训活动 10）

	星期一	星期二	星期三	星期四	星期五
	聚焦式观察			挑战儿童的思维	
以教师为主导的大组活动					
以教师为主导的小组活动					

112

学习材料 7b（教师培训活动 10）

聚焦式早期学习总体反思框架

日期 _____　　教师 _____

聚焦式观察	挑战儿童的思维
哪项工作完成得好	哪项工作完成得不好
幼儿个体的信息	未来计划中要考虑的因素

学习材料 8(教师培训活动 11)

课程计划：＿＿＿**迪龙**＿＿＿　　日期：＿＿2005 年 10 月 3～7 日＿＿

本周字母："D"

作业：在作业纸上描字母"D"；用点画出
字母"D"

小组活动
……
……
……

数学：
把恐龙分类；数数

精细动作：
用剪刀剪出字母"D"，贴在作业纸上；
用橡皮泥捏出字母"D"

艺术：
给字母"D"涂色

自由游戏：
玩玩具

户外活动：
假扮"小狗"和"恐龙"

学习材料 8（教师培训活动 11）

课程计划___萝丝___ 日期___2005 年 9 月___

自由游戏：

在画板上画画；
橡皮泥

歌曲：
《小星星》
《如果你感到幸福》和
《你知道》
《……在哪里？》（用
儿童的名字）

自由游戏：
在戏水区给娃娃洗澡

书：
《亲吻手》
《去猎熊》

小组活动：
认识姓名卡片、房间上的标
签、桌子上的字等

户外活动：
四轮马车、自行车、沙子玩具

自由游戏：
玩乐高、纸
板积木

学习材料 8（教师培训活动 11）

聚焦式早期学习周计划

日期　2005 年 10 月 17～21 日　　教师　苏赛特

在材料丰富的环境中进行的以幼儿为中心的探索活动

积木区 小汽车和卡车	**艺术区** 描树叶	**感官体验区** 树叶和橡树果
表演区 厨房和过家家 **操作区** 树叶配对游戏	持续性的项目活动 秋天的树叶	**图书区** 听故事中心 **写作中心** 标记笔和纸
阅读和书写 阅读秋天的书	**数学活动** 数橡树果	**科学探究活动** 比较树叶的形状和颜色
建立人际关系的步骤 玩"姓名游戏"	**个别调整** 在点心时间和圆圈时间，把恩里克和罗伯托分开；帮助蒂安娜不再缠着奶奶	
身体宣泄活动 让凯蕾格和支蒂夫玩"冻结游戏"	**户外探索活动** 耙树叶；如果有风戴上围巾、彩色纸带	

续表

聚焦式观察
计数——橡子

挑战儿童思维

这周的问题：树叶会变颜色吗？会掉到你的房子上吗？

	星期一	星期二	星期三	星期四	星期五
	歌曲：《叶子都落下来了》	歌曲：《叶子都落下来了》	歌曲：《叶子都落下来了》	歌曲：《叶子都落下来了》	歌曲：《叶子都落下来了》
	日期	日期	日期	日期	日期
以教师为主导的大组活动	数橡树果	数橡树果	数橡树果	数橡树果	数橡树果
以教师为主导的小组活动					

学习材料 8（教师培训活动 11）

聚焦式早期学习周计划

日期　2005 年 11 月 14～18 日　　教师　玛利亚

在材料丰富的环境中进行的以幼儿为中心的探索活动

积木区
建设道路、坡道、测量球、弹来的滑行
距离、汽车可以行走

表演区
给孩子们服装表让其自己整理自己的衣
服；织物、围巾、帽子、鞋、披肩、饰品、
魔杖、小袋
操作区
增强自我保护技能：提供耙子、板子、
拉链、穿上夫无、戴上手套

阅读和书写
读 Rain makes apple sauce"——孩子们模
仿书中的内容，做一份图片分类，跟着做
苹果酱

建立人际关系的步骤
当有冲突发生时，帮助孩子学会用"我感
觉……"的句子，经常拥抱或鼓掌

艺术区
鼓励孩子们创造性地拼贴材料：纱线、纽
扣、槽

持续性的项目活动
收获的季节

数学活动
排序；对苹果、南瓜、种子、坚果、树
叶、松果、草本植物进行分类；一些花

个别调整
帮助亚伦做出积极的选择，然后跟随他的活动
看亚娅会不会去试着拿着季感官体验区内不湿的亚麻杆

感官体验区
孩子们用亚麻杆冲学习测量、倒、比较数量

图书区
一起读：南瓜种子、雨点果果酱，在秋天
书写中心
孩子们口述故事；南瓜、苹果带给孩子的
体验；家庭宴会

科学探究活动
把腐烂的南瓜永进透明的瓶子中供孩子
们观察，要求能够对它的变化进行持续性
观察

续表

宣泄活动
安排"豆袋椅-南瓜"游戏，让孩子们可以在活动中扔这些物品

户外探索活动
收集树叶、枝杈，为孩子们安排 2 步、3 步和 4 步的"障碍赛"活动

聚焦式观察
观察在阅读《雨点·苹果酱》一书中哪个小朋友会到了"模式"(pattern)
观察亚利伦、马修、约书亚、艾丽西亚和乔；
莉迪亚：观察安东尼奥、汉娜、托马斯、蔡司和格雷西拉

挑战儿童思维
让孩子们观察和描述用于分类的物品(苹果、南瓜率)之间的相同与不同；
将孩子们所说的话记录在表格中

	星期一	星期二	星期三	星期四	星期五
以教师为主导的大组活动	唱集合歌曲，玩那些能让孩子动起来的游戏，然后安静下来，读《雨点·苹果酱》	观察腐烂的南瓜，讨论。阅读《南瓜种子》	讨论要分类的物品，把记录讨论中的讨论内容读出来，与儿童分类、讨论	再次阅读《雨点·苹果酱》，在此过程中让孩子们帮助你	讨论一下每个小孩子本周做了什么；再次阅读《南瓜种子》
以教师为主导的小组活动	帮孩子们看懂"图片式菜谱"	制作苹果酱		在地板上划出区域或用纱线分割，让孩子们将物品分类	帮孩子们理解如生活自理技能，如脱上衣、靴子、连指手套、分指手套

学习材料 9a(教师培训活动 15)

要避免的词和短语	可使用的词和短语
儿童喜爱……	他经常选择……
儿童喜欢……	我看到他……
她很享受……	我听到她说……
他会花很长时间……	他花了五分钟时间……
看起来好像……	她说……
看起来显得……	几乎每一天，他都……
我认为……	每周有一两次，她……
我感觉……	每次，他都……
我想知道……	她不断地……
他……做得很好	我们看到一种……的模式
她不擅长……	
这对……来说很难	

你还能增加其他的吗?

学习材料 9b(教师培训活动 15)

使用学习材料 9b 中的表格，让教师分析下列描述，找出其中解释性或判断性的词汇。然后请教师将这些词和短语进行修改，替换为真实的、描述性的、客观的词或短语。

杰尼佛(6 个月)

杰尼佛是个很难哄的小孩。妈妈离开时她就会哭。她要求成人给她很多的关注。她很难安静下来，除非咬着橡皮奶嘴或被人抱着的时候。她很容易受惊吓，当别的孩子靠近她时，她就会生气。

解释性词语： "很难哄""要求""很难""生气"

可以修改为： "杰尼佛经常哭。当她咬着橡皮奶嘴或被人抱着的时候才能安静下来。她很容易受到惊吓，当别的孩子靠近时她可能会哭。"

卡莉(3 岁 2 个月)

在骑自行车时间，卡莉跑到外面的自行车边，因为她想第一个挑选自行车。她总是想要红色的自行车，忘记了到外面去时要走的规则。

解释性词语： "她想""总是想要""忘记了……规则"

可以修改为： "在每天的骑自行车时间，卡莉都跑到外面的自行车边。她宣布：'我想要红色自行车。'但是如果有人骑了红色自行车，她就会去骑其他颜色的。"

马克斯(2 岁 6 个月)

今天进行艺术活动时，马克斯非常享受画画的过程。他用掉了很多颜料——绿色的、蓝色的、棕色的、红色的。他的画很有趣。他看起来好像在画一些人和一座房子。马克斯几乎每天都画画，这看起来是他最喜欢的活动。

解释性词语： "非常享受""很有趣""看起来好像""看起来"

可以修改为： "今天的艺术活动时间，马克斯用很多颜料画了一幅画。我问他画的是什么，他回答说：'一些人和一座房子。'他几乎每天都画画，每次都能画 15 分钟以上。"

学习材料 10(教师培训活动 16)

请教师阅读下面对以利亚在积木区行为表现的描述,请他们针对以利亚的行为作出尽可能多样的解读。

> **以利亚(3 岁 9 个月)**
>
> 以利亚正在积木区玩。他手上拿了几块动物积木。还有几个孩子和他一起在积木区玩。他拿着动物积木绕圈奔跑,另一个孩子在后面追他。他笑着大喊道:"你抓不到我!"

学习材料 11(教师培训活动 18)

请教师阅读下面关于乔安基拉(3 岁 8 个月)的记录,找出哪些内容体现了乔安基拉在认知、社会交往、情绪和身体动作方面的能力。

> 乔安基拉、达米尔、阿德琳妮和我坐在一起读《三只小猪》。乔安基拉坐在那里听了好一会儿。在故事讲到一半的时候,她跪着挺直了身体,开始前后摇动。她碰到了达米尔,对他说:"对不起,达米尔。"然后她站了起来,走到阿德琳妮的另一边,蜷缩在豆袋椅上,不再听故事了。

学习材料 12（教师培训活动 19）

早期学习标准	以早期学习标准为指导的常见教学方式
在游戏活动中假装在书写（例如，画涂鸦式的线条或形状）。 ——《加利福尼亚州 3 岁至学前儿童期望学习结果》 另外的一些州同样也具有相似的学习标准： 科罗拉多州、康涅狄格州、华盛顿特区、佐治亚州、伊利诺伊州、艾奥瓦州、路易斯安那州、马里兰州、缅因州、明尼苏达州、密苏里州、纽约州、俄克拉荷马州、罗德岛州、得克萨斯州、犹他州	在幼儿的日常生活中为孩子创造能和书写工具及相关书写材料接触的机会。 幼儿在生活中喜欢模仿成人。成人在生活中常常基于各种目的而书写。在幼儿还没有真正掌握写信及写词等一系列能力之前，假装书写是一种能够锻炼其书写能力的好办法。尽管他们仅仅是在涂鸦，但是仍然可以用这样的方式发展其运动技能，增强其目的意识，从作品中也可以了解到他们对于生活的想象

学习材料 12（教师培训活动 19）

	达成学习标准的第一步	达成学习标准过程中取得的进展	达成学习标准
孩子的表现： 对成人多种书写方式的模仿，运动技能得以发展，趣味越来越接近正式信件或者是草稿式的写作的模式	基于各种目的的随机标记、涂鸦	对书写工具有了更多的控制能力，在纸上标记、涂鸦	更有目的性地标记、涂鸦；能更好地控制书写工具，传达着书信一样的信息，基至就是草稿式的书写
制订适合每个孩子发展水平的课程和活动，让每个孩子获得进步	• 为孩子展示多种形式的书写方式 • 为孩子提供足够多的书写工具（标记笔、蜡笔、粉笔、圆珠笔、钢笔）和适合于孩子书写的纸张 • 接受和孩子年龄特点相适应的涂鸦和他们特有的书写方式	• 在表演游戏区为孩子们提供更多的书写材料，让他们的书写工具有机会去模仿书写购物清单、食谱、信件、电话信息以及账单 • 接受和孩子年龄特点相适应的涂鸦及他特有的书写方式	• 在教室中为孩子设立书写中心，增添名字卡片、单词列表、图片字典、复印版的字母表 • 孩子们逐渐掌握了书写能力，能辨认书信，教师要进一步鼓励他们；但是，同样要注意接受和孩子年龄特点相适应的涂鸦及他们特有的书写方式

124

学习材料 13(教师培训活动 20)

幼儿进步情况快速记录单

幼儿姓名	日期及活动	日期及活动	日期及活动	日期及活动
第一步(♯1)				
取得的进步(♯2)				
达到标准(♯3)				

学习材料 14（教师培训活动 21）

新墨西哥州学前教育项目
聚焦档案袋信息收集表

儿童姓名：Nathan   日期：2006 年 9 月 4 日   观察者：Joe

领域：文学

早期学习关键经验：E1♯7 逐渐学会使用日益复杂和多样的口语词汇和句子结构。

儿童的进步：在适合的等级中画圈

初步表现	儿童的进步	达成目标
主要使用单个词的简短组合（短语或用 1～3 个词组成的短句子，命令），在孩子的家庭语言中偶尔使用新词汇。	主要使用短语或由 3～4 个词组成的句子，在孩子的家庭语言中使用新词汇。	主要使用短语或由 4 个以上的词组成的句子，在孩子的家庭语言中使用新词汇，并伴随着对于事物的详细描述。

在所有符合儿童表现的项目上打钩

☑ 儿童发起的活动   ☐ 儿童独立完成   ☑ 所花时间（1～5 分钟）
☐ 教师发起的活动   ☑ 在成人的指导下完成   ☐ 所花时间（5～15 分钟）
☐ 对儿童来说是新任务   ☐ 和同伴协作完成   ☐ 超过 15 分钟
☑ 对儿童来讲是熟悉的任务

逸事记录：描述你看到儿童做了什么和（或）听到儿童说了什么。

　　"我也要走。"当 Nathan 的妈妈将 Nathan 送到幼儿园准备离开时，Nathan 哭着喊道。"不，妈妈，停下。"当妈妈快要走到幼儿园门口时，Nathan 向妈妈又一次喊道。然后，他走向自己的小房间待了一会儿。这个时候，无论我是敲门还是邀请他和我一起来参加游戏，他总是在摇头，并悄悄地说"不"。5 分钟过后，他向我走来，坐到我的腿上。我抱着他问："你想你的妈妈，是吗?""是，妈妈去工作了。"我向他保证，妈妈在午饭后就会来接他回家了。接着，他加入到了其他小朋友行列中，和小朋友们一起玩橡皮泥。之后，他度过了自己在幼儿园一天的生活。

　　ⓒGronlund，2006，修订自 Gronlund and Engel，2001

学习材料 14(教师培训活动 21)

新墨西哥州学前教育项目
聚焦档案袋信息收集表

儿童的姓名：Jessica　　　　日期：2007 年 2 月 8 日　　　　观察者：Maria

领域：文学

早期学习关键经验： E1♯7 逐渐学会使用日益复杂和多样的口语词汇和句子结构。

儿童的进步： 在适合的等级中画圈

初步表现	**儿童的进步**	**达成目标**
主要使用单个词的简短组合(短语或用 1～3 个词组成的短句子，命令)，在孩子的家庭语言中偶尔使用新词汇。	主要使用短语或由 3～4 个词组成的句子，在孩子的家庭语言中使用新词汇。	主要使用短语或由 4 个以上的词组成的句子，在孩子的家庭语言中使用新词汇，并伴随着对于事物的详细描述。

在所有符合儿童表现的项目上打钩

☐ 儿童发起的活动　　☐ 儿童独立完成　　☑ 所花时间(1～5 分钟)

☑ 教师发起的活动　　☑ 在成人的指导下完成　　☐ 所花时间(5～15 分钟)

☐ 对儿童来说是新任务　　☐ 和同伴协作完成　　☐ 超过 15 分钟

☑ 对儿童来说是熟悉的任务

逸事记录： 请把你看到的儿童的表现和行为以及听到的儿童所说的话记录下来。

　　今天，轮到 Jessica 来向小朋友们分享自己的故事了。他向小朋友们介绍了周末去阿尔伯克基(Albuquerque)水族馆的事情。"我看到了鲨鱼，它们在四处游动。我们还看到了海龟和各种颜色的鱼。我的爸爸跟我说这是鳗鱼。它们看起来好像蛇。"

ⓒGronlund，2006，修订自 Gronlund and Engel，2001

学习材料 14（教师培训活动 21）

新墨西哥州学前教育项目
聚焦档案袋信息收集表

儿童姓名：Sam   日期：2007 年 3 月 14 日   观察者：Tara

领域：文学

早期学习关键经验： E1♯7 逐渐学会使用日益复杂和多样的口语词汇和句子结构。

儿童的进步： 在适合的等级中画圈

初步表现	儿童的进步	达成目标
主要使用单个词的简短组合（短语或用 1～3 个词组成的短句子，命令），在孩子的家庭语言中偶尔使用新词汇。	主要使用短语或由 3～4 个词组成的句子，在孩子的家庭语言中使用新词汇。	主要使用短语或由 4 个以上的词组成的句子，在孩子的家庭语言中使用新词汇，并伴随着对于事物的详细描述。

在所有符合儿童表现的项目上打钩

☑儿童发起的活动   ☑儿童独立完成   ☑所花时间（1～5 分钟）

☐教师发起的活动   ☐在成人的指导下完成   ☐所花时间（5～15 分钟）

☐对儿童来说是新任务   ☐和同伴协作完成   ☐超过 15 分钟

☐对儿童来说是熟悉的任务

逸事记录： 请把你看到的儿童的表现和行为以及听到的儿童所说的话记录下来。

"Quiero mas papas，por favor．Me gusta mucho！"Sam 正在我们的教室中学说西班牙语，并且会用越来越多的词语和小伙伴以及老师进行交流。他的母语是英语，他非常喜欢和他人讲述发生在他身边的故事。今天他和我们分享 Grandma Jo，一位参观我们教室的人教我们使用电脑游戏规则的事情。"看，第一步，你应该点击这里的箭头。然后，你拖拽这里，这样你就可以将篮子填满了。"

©Gronlund，2006，修订自 Gronlund and Engel，2001

学习材料 14(教师培训活动 21)

新墨西哥州学前教育项目
聚焦档案袋信息收集表

儿童姓名：Alegra   日期：2006 年 10 月 7 日   观察者：Felicia F

领域：文学

早期学习关键经验： E1＃7 逐渐学会使用日益复杂和多样的口语词汇和句子结构。

儿童的进步： 在适合的等级中画圈

初步表现	儿童的进步	达成目标
主要使用单个词的简短组合（短语或用 1～3 个词组成的短句子，命令），在孩子的家庭语言中偶尔使用新词汇。	主要使用短语或由 3～4 个词组成的句子，在孩子的家庭语言中使用新词汇。	主要使用短语或由 4 个以上的词组成的句子，在孩子的家庭语言中使用新词汇，并伴随着对于事物的详细描述。

在所有符合儿童表现的项目上打钩

□儿童发起的活动   □儿童独立完成   □所花时间(1～5 分钟)

☑教师发起的活动   □在成人的指导下完成   ☑所花时间(5～15 分钟)

□对儿童来说是新任务   ☑和同伴协作完成   □超过 15 分钟

□对儿童来说是熟悉的任务

逸事记录： 请把你看到的儿童孩子的表现和行为以及听儿童到的孩子所说的话记录下来。

今天，Alegra 和其他小朋友一起听了一个有关 Abiyoyo 的故事。之后，她便一直唱这个故事中多次出现的用 Abiyoyo 的名字组成歌词的歌曲。一会儿，她又参与到了戏剧表演游戏区域中，我听到她和她的好朋友 Sophia 说："我喜欢这个故事。Abiyoyo 真是太有趣了。"她继续唱这首歌，Sophia 也加入到了她的行列当中。这两个女孩子一起"咯咯"地笑了。

ⒸGronlund，2006，修订自 Gronlund and Engel，2001

学习材料 14（教师培训活动 21）

新墨西哥州学前教育项目
聚焦档案袋信息收集表

儿童姓名：Jonathan　　　　日期：2006 年 9 月 27 日　　　　观察者：Louise

领域：计算

早期学习关键经验：E1♯12 使用数字和计算手段解决问题并确定数量

儿童的进步：在适合的等级中画圈

初步表现	儿童的进步	达成目标
在不同的情境中认识多和少（并不要求计算出物体的个数）。	为了解决问题从而学会计算物体的个数（并非一一对应）。	为了解决问题，能够感知物体的数量，并在拥有大量物体的情况下可以做到一一对应。

在所有符合儿童表现的项目上打钩

☐儿童发起的活动　　　☑儿童独立完成　　　☐所花时间（1～5 分钟）

☑教师发起的活动　　　☐在成人的指导下完成　☑所花时间（5～15 分钟）

☐对儿童来说是新任务　☐和同伴协作完成　　　☐超过 15 分钟

☑对儿童来说是熟悉的任务

逸事记录：请把你看到的儿童孩子的表现和行为以及听儿童到的孩子所说的话记录下来。

　　今天，Jonathan 来帮忙分点心，在分的过程中，他计算出每个孩子应该得到两块全麦饼。当他回到自己的座位时，他把花生酱涂抹在全麦饼上，并把杯子里装的葡萄干倒了出来。当他把葡萄干一个一个放在他的全麦饼上时，他的计算是正确的，一共放了 7 个。然后，他数出来的数字便有点混乱了："7，9，10，12，14。""我有 14 个。"他说。

©Gronlund，2006，修订自 Gronlund and Engel，2001

学习材料 14（教师培训活动 21）

新墨西哥州学前教育项目
聚焦档案袋信息收集表

儿童姓名：Luis　　日期：2006 年 11 月 2 日　　观察者：Helena

领域：计算

早期学习关键经验： E1♯12 使用数字和计算手段解决问题并确定数量

儿童的进步： 在适合的等级中画圈

初步表现	儿童的进步	达成目标
在不同的情境中认识多和少（并不要求计算出物体的个数）。	为了解决问题从而学会计算物体的个数（并非一一对应）。	为了解决问题，能够感知物体的数量，并在拥有大量物体的情况下可以做到一一对应。

在所有符合儿童表现的项目上打钩

- ☑ 儿童发起的活动
- ☑ 教师发起的活动
- ☐ 对儿童来说是新任务
- ☑ 对儿童来说是熟悉的任务
- ☑ 儿童独立完成
- ☑ 在成人的指导下完成
- ☐ 和同伴协作完成
- ☐ 所花时间（1～5 分钟）
- ☑ 所花时间（5～15 分钟）
- ☐ 超过 15 分钟

逸事记录： 请把你看到的儿童孩子的表现和行为以及听儿童到的孩子所说的话记录下来。

今天，Luis 在桌子上穿珠子。他的面前放了一些红色的珠子。我问他："你有多少颗红色的珠子啊？"他看了看我说："不知道。""我们可以将它们放到一起计算一下吗？"我问。他摇摇头说："不能。""我特别想知道你有一些红色的珠子呢，还是有一些蓝色的珠子？"我说。"我有一些红色的珠子！"他回答道。是的，他答对了！ 这是就 Luis 目前在计算方面的发展状况而言，他还没有对计算产生兴趣。

©Gronlund，2006，修订自 Gronlund and Engel，2001

学习材料 14（教师培训活动 21）

新墨西哥州学前教育项目
聚焦档案袋信息收集表

儿童姓名：Anna　　　　日期：2007 年 3 月 30 日　　　　观察者：Nancy

领域：计算

早期学习关键经验：E1♯12 使用数字和计算手段解决问题并确定数量

儿童的进步：在适合的等级中画圈

初步表现	儿童的进步	达成目标
在不同的情境中认识多和少（并不要求计算出物体的个数）。	为了解决问题从而学会计算物体的个数（并非一一对应）。	为了解决问题，能够感知物体的数量，并在拥有大量物体的情况下可以做到一一对应。

在所有符合儿童表现的项目上打钩

☐ 儿童发起的活动　　　☐ 儿童独立完成　　　☑ 所花时间（1～5 分钟）

☑ 教师发起的活动　　　☑ 在成人的指导下完成　☐ 所花时间（5～15 分钟）

☐ 对儿童来说是新任务　☐ 和同伴协作完成　　☐ 超过 15 分钟

☑ 对儿童来说是熟悉的任务

逸事记录： 请把你看到的儿童孩子的表现和行为以及听儿童到的孩子所说的话记录下来。

今天，由 Anna 来帮我数教室里一共来了多少个小朋友。她转着圈一边走，一边大声说："1，2，3，5，7，9。"她有时会跳过一个孩子。我站起来帮她从头开始数。当我们数到一个孩子的时候，我们就会拍拍他（她）的背。

©Gronlund，2006，修订自 Gronlund and Engel，2001

学习材料 14（教师培训活动 21）

新墨西哥州学前教育项目
聚焦档案袋信息收集表

儿童姓名：Amy　　　　日期：2007 年 2 月 16 日　　　　观察者：Brie

领域：计算

早期学习关键经验： E1♯12 使用数字和计算手段解决问题并确定数量

儿童的进步： 在适合的等级中画圈

初步表现	**儿童的进步**	**达成目标**
在不同的情境中认识多和少（并不要求计算出物体的个数）。	为了解决问题，从而学会计算物体的个数（并非一一对应）。	为了解决问题，能够感知物体的数量，并在拥有大量物体的情况下可以做到一一对应。

在所有符合儿童表现的项目上打钩

☑ 儿童发起的活动　　　　☑ 儿童独立完成　　　　☑ 所花时间（1～5 分钟）

□ 教师发起的活动　　　　□ 在成人的指导下完成　　□ 所花时间（5～15 分钟）

□ 对儿童来说是新任务　　□ 和同伴协作完成　　　　□ 超过 15 分钟

☑ 对儿童来说是熟悉的任务

逸事记录： 请把你看到的儿童孩子的表现和行为以及听儿童到的孩子所说的话记录下来。

　　Amy 正在门口排队准备出去，突然对我说："老师，我们班的女孩子要比男孩子多两个！""你是怎么知道的，Amy？""我数出来的啊。看，有 1，2，3，4，5，6，7，8 个女孩子和 1，2，3，4，5，6 个男孩子。"她一边拍打着小朋友的肩膀一边数着。

ⓒGronlund，2006，修订自 Gronlund and Engel，2001

学习材料 14（教师培训活动 21）

新墨西哥州学前教育项目
聚焦档案袋信息收集表

儿童姓名：Chase   日期：2007 年 2 月 2 日   观察者：Maria

领域：科学概念的理解

早期学习关键经验：E1♯17 学会使用感官辨别存在于物质世界中的事物特征和行为，
并逐渐学会对观察、探索到的事物形成解释。

儿童的进步：在适合的等级中画圈

初步表现	儿童的进步	达成目标
学会运用明显的感官信息来探索世界，身体上的感知多于口头上的感知。	学会运用感官探索世界（并不是通过明显的感官信息），并对用自己感官所体验到的事物做 1～2 个简单的评论。	学会运用多重感官探索世界，并对用自己感官所体验到的事物做 1～2 个详细的评论。

在所有符合儿童表现的项目上打钩

☑儿童发起的活动   ☑儿童独立完成   ☑所花时间（1～5 分钟）
☐教师发起的活动   ☐在成人的指导下完成   ☐所花时间（5～15 分钟）
☑对儿童来说是新任务   ☐和同伴协作完成   ☑超过 15 分钟
☐对儿童来说是熟悉的任务

逸事记录：请把你看到的儿童孩子的表现和行为以及听儿童到的孩子所说的话记录下来。

Chase 花了好长的活动时间一直都在探索"清洁泥"，它是由面巾纸、水和香皂制成的。他看过之后，针对自己看到的、感受到的、闻到的做了一系列评论："看起来它是黏滑的。当你挤压它们时，它们聚集到了一起，但是当你把它们举起来时，它却掉了。嗯嗯嗯……味道闻起来挺香的，有肥皂的味道。"

©Gronlund 2006，修订自 Gronlund and Engel，2001

学习材料 14（教师培训活动 21）

新墨西哥州学前教育项目
聚焦档案袋信息收集表

儿童姓名：Bailey　　　日期：2007 年 3 月 10 日　　　观察者：Robin

领域：科学概念的理解

早期学习关键经验： E1♯17 学会使用感官辨别存在于物质世界中的事物特征和行为，
并逐渐学会对观察、探索到的事物形成解释。

儿童的进步： 在适合的等级中画圈

初步表现	儿童的进步	达成目标
学会运用明显的感官信息来探索世界，身体上的感知多于口头上的感知。	学会运用感官探索世界（并不是通过明显的感官信息），并对用自己感官所体验到的事物做 1～2 个简单的评论。	学会运用多重感官探索世界，并对用自己感官所体验到的事物做 1～2 个详细的评论。

在所有符合儿童表现的项目上打钩

☐儿童发起的活动　　　☐儿童独立完成　　　☐所花时间（1～5 分钟）
☑教师发起的活动　　　☑在成人的指导下完成　☑所花时间（5～15 分钟）
☑对儿童来说是新任务　☐和同伴协作完成　　　☐超过 15 分钟
☑对儿童来说是熟悉的任务

逸事记录： 请把你看到的儿童孩子的表现和行为以及听儿童到的孩子所说的话记录下来。

今天，在烹饪活动中，Bailey 分别尝了盐的味道、糖的味道、面粉的味道，还吃了点巧克力屑。"我最喜欢吃巧克力！"她说。

ⒸGronlund 2006，修订自 Gronlund and Engel，2001

135

学习材料 14(教师培训活动 21)

新墨西哥州学前教育项目
聚焦档案袋信息收集表

儿童姓名：Ariel　　　　日期：2006 年 10 月 22 日　　　观察者：Ted

领域：科学概念的理解

早期学习关键经验：E1♯17 学会使用感官辨别存在于物质世界中的事物特征和行为，并逐渐学会对观察、探索到的事物形成解释。

儿童的进步：在适合的等级中画圈

初步表现	**儿童的进步**	**达成目标**
学会运用明显的感官信息来探索世界，身体上的感知多于口头上的感知。	学会运用感官探索世界(并不是通过明显的感官信息)，并对用自己感官所体验到的事物做 1～2 个简单的评论。	学会运用多重感官探索世界，并对用自己感官所体验到的事物做 1～2 个详细的评论。

在所有符合儿童表现的项目上打钩

☑儿童发起的活动　　　□儿童独立完成　　　☑所花时间(1～5 分钟)

□教师发起的活动　　　☑在成人的指导下完成　□所花时间(5～15 分钟)

☑对儿童来说是新任务　☑和同伴协作完成　　　□超过 15 分钟

□对儿童来说是熟悉的任务

逸事记录：请把你看到的儿童孩子的表现和行为以及听儿童到的孩子所说的话记录下来。

　　今天，当我们的加热器被第一次打开时，Areil 向四周看看说："这是什么味道？"我们纷纷感觉到有一股发霉的味道。Areil 走到我的身边，另外一些孩子围绕在加热器旁边，一边闻着一边感觉到了湿气。当 Areil 感觉到是湿气从里面跑出来的时候，她"咯咯"地笑了起来。"它在里面挠痒痒呢。"她说。

©Gronlund 2006，修订自 Gronlund and Engel，2001

学习材料 14(教师培训活动 21)

新墨西哥州学前教育项目
聚焦档案袋信息收集表

儿童姓名：Jose　　　　日 期：2006 年 11 月 12 日　　　观察者：Marlena

领 域：**科学概念的理解**

早期学习关键经验：E1♯17 学会使用感官辨别存在于物质世界中的事物特征和行为，
　　　　　　　　并逐渐学会对观察、探索到的事物形成解释。

儿童的进步：在适合的等级中画圈

初步表现	**儿童的进步**	**达成目标**
学会运用明显的感官信息来探索世界，身体上的感知多于口头上的感知。	学会运用感官探索世界(并不是通过明显的感官信息)，并对用自己感官所体验到的事物做 1～2个简单的评论。	学会运用多重感官探索世界，并对用自己感官所体验到的事物做 1～2 个详细的评论。

在所有符合儿童表现的项目上打钩

☑儿童发起的活动　　　□儿童独立完成　　　□所花时间(1～5 分钟)

□教师发起的活动　　　☑在成人的指导下完成　□所花时间(5～15 分钟)

☑对儿童来说是新任务　□和同伴协作完成　　☑超过 15 分钟

□对儿童来说是熟悉的任务

逸事记录：请把你看到的儿童孩子的表现和行为以及听儿童到的孩子所说的话记录下来。

今天，Jose 在手指画上花费了好长时间，他用他的手将好多种不同的颜色涂抹在了桌子上。他按了一些手印，然后又用颜色将它们盖住，最后用自己的食指将图案设计了一番。我帮助他将画印到了一张纸上，这样他就可以把自己的画带回家了。

ⓒGronlund，2006，修订自 Gronlund and Engel，2001

学习材料 14(教师培训活动 21)

新墨西哥州学前教育项目
聚焦档案袋信息收集表

儿童姓名：Marcus　　　　日期：2007 年 2 月 21 日　　　观察者：Audrey

领域：个体、家庭、社区

早期学习关键经验：E1♯21 不同场合中要表现出适合场合的行为[例如，接受转换，遵守日常规则和(或)能够融合于所处文化环境中]。

儿童的进步：在适合的等级中画圈

初步表现	**儿童的进步**	**达成目标**
能够在一种场合中表现出适应性行为或者只是偶尔适应性行为。	能够在多于一种场合中表现出适应性行为并能够持续保持。	能够在不同种场合中表现出适应性行为。

在所有符合儿童表现的项目上打钩

☐儿童发起的活动	☐儿童独立完成	☐所花时间(1~5 分钟)
☑教师发起的活动	☑在成人的指导下完成	☐所花时间(5~15 分钟)
☑对儿童来说是新任务	☑和同伴协作完成	☐超过 15 分钟
☐对儿童来说是熟悉的任务		

逸事记录：请把你看到的儿童孩子的表现和行为以及听儿童到的孩子所说的话记录下来。

　　当一位老年人给我们班的孩子讲述关于一个部落的故事之后，Marcus 就一直表现得非常安静。他听得非常认真并且回答了她提出的问题。当有参观者来我们班时，Marcus 就会经常表现出这样的行为。他参与到了击鼓活动当中，之后孩子排成一排，一些孩子跳舞，他敲鼓。

ⓒGronlund，2006，修订自 Gronlund and Engel，2001

学习材料 14(教师培训活动 21)

新墨西哥州学前教育项目
聚焦档案袋信息收集表

儿童姓名：Alia　　　日期：2006 年 10 月 14 日　　　观察者：Kathryn

领域：个体、家庭、社区

早期学习关键经验： E1♯21 不同场合中要表现出适合场合的行为[例如，接受转换，遵守日常规则和(或)能够融合于所处文化环境中]。

儿童的进步： 在适合的等级中画圈

初步表现	儿童的进步	达成目标
能够在一种场合中表现出适应性行为或者只是偶尔适应性行为。	能够在多于一种场合中表现出适应性行为并能够持续保持。	能够在不同种场合中表现出适应性行为。

在所有符合儿童表现的项目上打钩

☐儿童发起的活动　　☐儿童独立完成　　☐所花时间(1～5 分钟)

☐教师发起的活动　　☐在成人的指导下完成　☐所花时间(5～15 分钟)

☐对儿童来说是新任务　☐和同伴协作完成　　☐超过 15 分钟

☑对儿童来说是熟悉的任务

逸事记录： 请把你看到的儿童孩子的表现和行为以及听儿童到的孩子所说的话记录下来。

　　Alia 在幼儿园认真学习行为规则。每当到了清洁教室的时候，她不用教师提醒就会来主动帮忙。一天，她记着在吃点心之前要洗手，在倒果汁的时候，等所有孩子都坐好之后她才去。她在听完故事之后会积极参与户外活动。如果户外的天气比较冷，她会主动把夹克从小房间中取出来。

©Gronlund，2006，修订自 Gronlund and Engel，2001

学习材料 14（教师培训活动 21）

新墨西哥州学前教育项目
聚焦档案袋信息收集表

儿童姓名：Monica   日期：2007 年 3 月 7 日   观察者：Richard

领域：个体、家庭、社区

早期学习关键经验： E1♯21 不同场合中要表现出适合场合的行为［例如，接受转换，遵守日常规则和（或）能够融合于所处文化环境中］。

儿童的进步： 在适合的等级中画圈

初步表现	儿童的进步	达成目标
能够在一种场合中表现出适应性行为或者只是偶尔适应性行为。	能够在多于一种场合中表现出适应性行为并能够持续保持。	能够在不同种场合中表现出适应性行为。

在所有符合儿童表现的项目上打钩

☐儿童发起的活动   ☐儿童独立完成   ☐所花时间（1～5 分钟）
☑教师发起的活动   ☑在成人的指导下完成   ☐所花时间（5～15 分钟）
☐对儿童来说是新任务   ☐和同伴协作完成   ☐超过 15 分钟
☑对儿童来说是熟悉的任务

逸事记录： 请把你看到的儿童孩子的表现和行为以及听儿童到的孩子所说的话记录下来。

　　当消防演习警报的声音响起时，Monica 哭了起来，并捂住了自己的耳朵。当一系列计划准备就绪后，我们准备靠近她。我们鼓励她大声说出自己害怕的感觉，并向她保证演习将马上停止。当她处于害怕的状态时，反应不是很强烈。消防演习结束之后，她告诉我们消防队员是能够保证我们安全的。

©Gronlund，2006，修订自 Gronlund and Engel，2001

学习材料 14（教师培训活动 21）

新墨西哥州学前教育项目
聚焦档案袋信息收集表

儿童姓名：Joseph　　　　日期：2007 年 11 月 3 日　　　　观察者：Judith

领域：个体、家庭、社区

早期学习关键经验：E1♯21 不同场合中要表现出适合场合的行为［例如，接受转换，遵守日常规则和（或）能够融合于所处文化环境中］。

儿童的进步：在适合的等级中画圈

初步表现	儿童的进步	达成目标
能够在一种场合中表现出适应性行为或者只是偶尔适应性行为。	能够在多于一种场合中表现出适应性行为并能够持续保持。	能够在不同种场合中表现出适应性行为。

在所有符合儿童表现的项目上打钩

☑儿童发起的活动　　☑儿童独立完成　　□所花时间（1～5 分钟）
□教师发起的活动　　□在成人的指导下完成　　□所花时间（5～15 分钟）
☑对儿童来说是新任务　　☑和同伴协作完成　　□超过 15 分钟
□对儿童来说是熟悉的任务

逸事记录：请把你看到的儿童孩子的表现和行为以及听儿童到的孩子所说的话记录下来。

　　上周我们班刚刚来了一个男孩子。Joseph 说："我做你的好朋友，好吗?"然后，Joseph 上前拉起男孩子的手并带他参观了我们的教室。在吃点心的时候，Joseph 一直都坐在这个男孩子的旁边。在清洁教室的时间以及户外活动时间，他都主动和这个男孩子交谈。这样的行为持续了几天。现在，这两个男孩子经常坐在一起、玩在一起。

ⒸGronlund，2006，修订自 Gronlund and Engel，2001

学习材料 15（教师培训活动 23）

一组关于克劳迪娅的多领域观察笔记

被观察者： 克劳迪娅（4 岁）

这组观察笔记记录了克劳迪娅在多个领域的发展情况。以下所有观察到的行为均发生在秋季的 3 个月内。阅读这些关于克劳迪娅的笔记，并结合以下问题去思考有关于克劳迪娅的行为表现。

1. 这名儿童能做什么？在做什么？他（她）的兴趣是什么？是如何展现出这些兴趣的？他（她）具有哪些技能？

2. 这名儿童下一步的发展是什么？这名儿童还不能做什么？

3. 为了帮助这名儿童发展其能力和兴趣，针对他（她）还不能做的事，你将如何做？你会使用哪些材料、活动、教师支持、同伴支持和特殊的资源？

秋季对克劳迪娅语言能力发展的观察记录

（4 岁 1 个月）

克劳迪娅喊道："我要和我的妈妈、爸爸、姐姐一起去图森玩，我们会住在有游泳池的酒店中。"然后，她认真地选择着自己画画需要的标记笔的颜色——红色、黄色、蓝色、绿色，还画了一道彩虹。之后，她画了 4 个人。她说："看！这是我们一家人在彩虹下面呢。"

秋季对克劳迪娅问题解决能力的观察记录

（4 岁 2 个月）

这是在下午睡眠时间之后发现的。在我们的桌子上摆放着大型积木块。在过去的两周中，孩子们一直都在探索它们。克劳迪娅独自坐在桌子边上。她拿起一个大的黄色的六角形来，又加了六个三角形。然后，她便开始将其堆成一层一层的形状。她在那里玩了好长时间。当她爸爸来园准备接她回家时，她对爸爸说："爸爸，过来看我正在干什么。"她没有另做别的事，而是按照之前做的方式重新搭了一遍。

秋季对克劳迪娅社会性(或情绪)的观察记录
(4 岁 2 个月)

克劳迪娅已经能平静地和她父母分开了,她的心理表现比较稳定。今天,伊米莉亚在她妈妈要离开时哭了,克劳迪娅便主动上去安慰伊米莉亚。她说:"好了,别哭了,妈妈马上就回来了。"她看了看我又说:"妈妈很快就会回来了,是吗,米歇尔?"我笑了笑,点了点头表示是。克劳迪娅把自己的胳膊搭在伊米莉亚的身上说:"我也想我的妈妈,但是,看我,我没有哭。"在收拾玩具的时间里,克劳迪娅告诉伊米莉亚的妈妈:"伊米莉亚刚才哭着要找你,但是我告诉她,你马上就会回来了。"

学习材料 15（教师培训活动 23）

秋季对克劳迪娅书写样本的观察记录

（4 岁 1 个月）

    克劳迪娅要求听睡美人的故事带。她经常自己表演这个故事。今天她在排列故事纸的时候说："我在写睡美人的故事。"然后她用黑色的笔画了一幅画，并用水彩颜料涂上了颜色。"这是她在床上睡觉的画。"

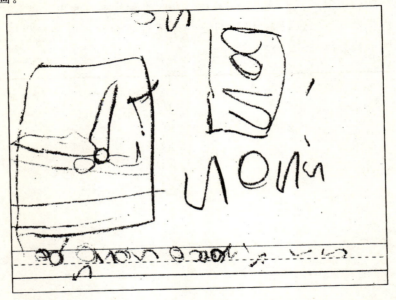

秋季对克劳迪娅粗大运动发展的观察记录

（4 岁 2 个月）

    克劳迪娅和奎恩、费尔南多正在登山器械上玩。他们三个一起在咆哮吼叫。克劳迪娅很轻易地就爬上了梯子的平台。奎恩说："好吧，我是一个婴儿捷豹。"他像豹子在空中穿梭一样地跑到了克劳迪娅前面。克劳迪娅也跟着回答说："现在有两个婴儿捷豹！"她快速地穿梭于平台周围，跑到滑板上面，又滑了下来。然后，她一转身又爬上去了。

学习材料 16a(教师培训活动 24)

你已经观察过了儿童,现在要做什么?

观察时,一个重要的任务是要找到每个孩子的最近发展区(ZPD),按照盖伊·格朗兰德和玛琳·詹姆斯在《聚焦式观察》中的说法,就是"儿童还不具备独立的技能,但在成人或同伴的支持下能够成功完成的区域……当一项任务处于儿童的最近发展区时,他在完成该任务的过程中能越来越独立。"

在劳拉·贝克和阿黛姆·韦斯勒的《支架儿童的学习》(*Scaffolding Children's Learning*)一书中,这样界定了成人支架或支持儿童的最近发展区的角色:

按照维果茨基的理论,教育的角色在于为儿童提供处于其最近发展区的经验——能够对儿童造成挑战,但在成人细心的引导下可以完成的活动。这样,成人承担起较多责任,通过积极地引导儿童的发展轨迹,确保儿童的学习最大化。教师的角色,不是教授儿童早已准备好学习的内容,或是为儿童安排一些他们已经具备必要认知能力的任务,而是要提供处于其最近发展区,或者说略微高于其独立能力水平的任务。

学习材料 16b(教师培训活动 24)

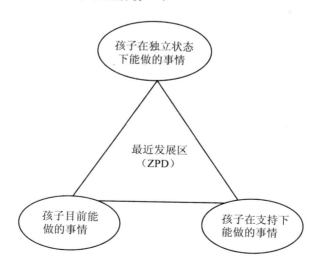

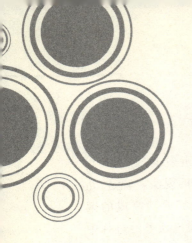

附录 B

案例分析与逸事记录

附带的案例

（用于教师培训活动 1，如果愿意，你也可以使用其他活动来分析）

表演游戏（简要情况）

　　雷耶娜（4 岁 7 个月）和安布尔（4 岁 10 个月）正在教室的家居活动区域玩。黛拉老师走过来，在桌子旁坐下问："孩子们，你们在这里做什么？"她们马上举起杯子说："这是橘子汁。"盘子里还放了一些塑料块比萨饼。黛拉老师假装喝了点橘子汁、吃了些比萨饼之后，和孩子们交谈了关于这是什么种类的比萨饼以及孩子们还会做什么东西的话题。孩子们回答了老师的问题，又继续一次次重复着刚才的活动。

表演游戏（详细情况）

　　雷耶娜（4 岁 7 个月）和安布尔（4 岁 10 个月）正在教室的家居活动区域玩。黛拉老师走过来，在桌子旁坐下问："孩子们，你们在这里做什么？"她们马上举起杯子说："这是橘子汁。"盘子里还放了一些塑料块比萨饼。黛拉老师假装喝了点橘子汁、吃了些比萨饼之后，和孩子们交谈了关于这是什么种类的比萨饼以及孩子们还会做什么东西的话题。孩子们回答了老师的问题，又继续一次次重复着刚才的活动。

黛拉告诉孩子们可以到杂货店去买一些其他东西用来做饭。她高兴地高声向孩子们提出，她们需要列一份购物清单。孩子们热情回应并向黛拉口述她们需要的东西，黛拉帮孩子们把需要的东西写到纸上。黛拉还鼓励孩子们向家居活动区域的四周观察一下是不是还需要其他的东西，之后孩子们就可以去购物了。黛拉给孩子们提供了购物袋，将购物清单交到了孩子们的手上，把活动的主导权重新转移到了孩子手上。孩子们的活动持续了将近 15 分钟。即使黛拉在教室的其他区域和其他孩子玩，女孩子们也会过来告诉黛拉她们游戏的进展情况。

农场动物游戏

卡西迪(5 岁 4 个月)正在玩农场动物和筒仓。诺亚(4 岁 9 个月)拿了一些动物积森，说："这些是我的。"卡西迪要求诺亚停止他的举动，但诺亚不听。卡西迪说："诺亚，我正在和这些动物玩，请你走开。"诺亚说："你已经有这么多的动物了，我也要。"卡西迪说："好吧，等我玩完了，你再来玩。"诺亚说"我不要"，并要继续拿农场里的动物积木。一场拔河式的争夺随之而来。

橡皮泥桌

在橡皮泥桌旁，几个三四岁的孩子重复说："你不能来参加我的生日会。"

沙子区

当孩子们到户外玩时发现，由于前一天晚上的暴风雨，沙子区里面铺满了树叶。他们跑到老师身边说，要把沙子里的树叶拣出来，这样他们就可以为他们的卡车开辟一条道路了。他们还说，树叶应该有它自己的路，它们为什么会在沙子当中呢。

救援

两个男孩子，分别是 4 岁和 5 岁。他们正在玩救援的游戏。他们在游戏场来回跑着，并把受伤的孩子送到攀援植物的最高处——孩子们把这里看作医院。他们还告诉其他孩子不要爬到上面去，因为那里是医院，会很危险。

教师培训活动 18 所用的逸事记录和分析材料

（如果你愿意，可以选择其他活动）

卡西迪（4 岁 7 个月）

卡西迪和另外一些孩子正在家居活动区域玩游戏。卡西迪是妈妈，正在抱着婴儿，然而另外一些孩子坐在桌子旁边假装要从卡西迪手中将玩具拿走。卡西迪说："现在轮到我了。"他们交换位置。另外一些孩子说："你可以把婴儿给我抱抱吗？"卡西迪回答说："她在另外一间教室里。"另外一个孩子问："我应该去哪间教室啊？"卡西迪说"往右边走"，然后就继续去画画了。两人互相说"拜拜"。

卡西迪一边照顾婴儿，一边说："她已经长大了。"他们都要去图书馆借《夜间的吵闹》（他们很早以前就阅读过的书）。他们会坐在沙发上，把这些故事读给婴儿听。

加布里埃尔（4 岁 10 个月）

当准备好要吃点心的时候，加布里埃尔发现他没有餐巾纸。老师告诉他每人都应该有一份的。他朝其他孩子张望，看是不是其他人有多余的一份餐巾纸。他数了之后发现，一共有 15 个孩子，有 15 份餐巾纸。

约西亚（3 岁 11 个月）

在向油和水的试验中添加了一些颜色之后，约西亚摇了摇瓶子。颜色一开始慢慢地和油、水融合了起来。约西亚说："里面有小气泡，慢慢地变蓝了。"然后他又说："小气泡慢慢地漂浮到了罐子上层，但是当我摇动它时，它又回去了。"

克里斯汀（4 岁 9 个月）

克里斯汀正在艺术活动区域游戏。10 分钟之后，她从椅子上站起来，走向她的小房子。她拿出一本彩色书来，走到凯西身边问："我可以用用你的彩色书吗？"凯西对克里斯汀说"可以"，但是她想交换着看。克里斯汀说："好，我可以和你一起分享我的彩色书，但是我必须撕下我自己要看的页面。"凯西说："好吧，克里斯汀。"

杰基（3 岁 10 个月）

杰基正在橡皮泥桌子旁边玩，她说："看，我做了一个生日蛋糕。明天是我的生日，我自己来烘烤自己的蛋糕。烘烤蛋糕的烤箱在哪里呢？"她走向艺术区域，拿起来一个箱子，说："这是烤箱。小心点，它非常热。"

杰克（3 岁 3 个月）

杰克在教室里到处跑，手上拿着一个塑料恐龙玩具，他告诉其他孩子说这是一只霸王龙。"啊，我是一只霸王龙。"教师建议他为恐龙用积木搭一间屋子，以防它伤到其他小朋友。于是他走向积木区，在恐龙周围摆放了 4 块积木，然后又站起来在教室里到处跑了起来。

马克（3 岁 6 个月），艾莉尔（4 岁 3 个月）

马克和艾莉尔正在娃娃家玩。马克在扮演小猫，艾莉尔递给他一杯牛奶。艾莉尔为马克准备了一张有毛毯和枕头的床，告诉马克该睡觉了。马克走到毯子和枕头旁躺下了。艾莉尔给他盖上了另一条毯子，说："睡吧，睡吧，小猫。明天见！"她踮着脚悄悄走到椅子旁坐了下来。

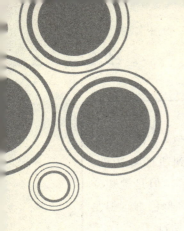

附录 C

光盘简介

我们建议在需要观看录像的集体活动中，可以用电脑播放本书配套录像。

- 与教师培训活动 7 配套：*录像片段 1，"管子和瓶子"*
- 与教师培训活动 14 配套：*录像片段 2，"洗手和吃点心"*
- 与教师培训活动 17 配套：*录像片段 3，"画画"*
- 与教师培训活动 19 配套：*录像片段 4，"三个年轻的书写者"*
- 与教师培训活动 22 配套：*录像片段 5，"拼图"*
- 与教师培训活动 23 配套：*录像片段 6，"创作音乐"*
  - *录像片段 7，"听故事"*
  - *录像片段 8，"橡皮泥、杯子和望远镜"*

附录 D

确立游戏政策的价值：
支持以游戏为基础的学习环境的研究证据[①]

作者：德洛丽丝·A. 斯泰格林(Dolores A. Stegelin)

游戏是儿童的生命，是他理解生活于其中的这个世界的方式。

——苏珊·艾萨克斯《幼儿的社会性发展》

当代幼儿园给儿童提供的教室虽然复杂多样，但教室给儿童提供游戏的机会却很少。当今幼儿园教学对于有效发挥游戏政策(play policy)的需求从未如此强烈。作为学前领域的专家，我们深知，以游戏为主的活动无论是对儿童身体苗壮成长，还是对其心理健康发展都是尤为重要的。然而，我们发现如今很多幼儿家庭、幼儿园管理者甚至是我们的同事却并不这样认为。我们需要想方设法去保卫现有的以游戏为基础的课程及其教学方法。

这篇文章的目的就在于帮助教师和领导者们成为支持"以游戏为基础

---

① 本文发表在全美幼教协会的刊物《幼儿》第 60 期，2005 年第 2 期上，经全美幼教协会允许复制。

的学习环境"的专家和有力的倡导者。文章首先对游戏及游戏政策等概念做了解释说明，之后经过一系列讨论向大家证明：目前，在生理、认知、社会、情感发展等不同领域的研究均表明了游戏在幼儿一生发展过程中所起到的积极作用。之后，还为大家介绍了三个教学案例，以此进一步说明游戏在幼儿一生发展中的意义。我们希望文章中的信息可以成为促进游戏政策制定的有效工具。

游戏及游戏政策的相关概念

针对游戏，人们从不同维度进行了多方面的研究。关于游戏政策的研究被研究者看作还没有被开拓、但具有重要价值的一片肥沃土壤（Stegelin，2002b）。对游戏概念的科学界定是游戏政策制定和发展的前提。对游戏概念的界定通常有以下三种观点：（1）探索性、开放性；（2）内在性、生成性、协作性；（3）游戏的发展价值（Anderson，1998）。

案例：小学一年级中的操作式教学方法及其他以游戏为基础的教学方法

阿尔瓦雷斯女士来自一所大型公立学校，是一位具有丰富教学经验的小学教师。她曾两次被评为年度最佳小学教师，现在正在攻读初等教育硕士学位。

在教学小组会议上，有三位一年级老师特别想知道为什么阿尔瓦雷斯女士不采用上级学区推荐的严格的数学和科学课程。新的课程给教师施加了更多的任务，为教师设置了严格的教学要求，每天都有具体的工作表和小测验，并且每九周就要进行一次标准化测验。

阿尔瓦雷斯女士说："你知道，我确实是想利用今年的时间在教学上做一些改变。新课本确实很有吸引力，在某种程度上讲新的课程似乎更容易实施教学计划和教学目标。但我考虑是否所有学生都能达成数学、科学目标，再想到学生们过去几年的期末测验结果等因素时，我认为尽管传统教学方式需要花费更多的时间和资源，但我还是信赖动手实践探索的学习方式。"

"此外，"她还补充说，"6岁孩子需要时间去探索、活动、提出和验证自己的假设、感受到自己的想法是有价值的。在数学和科学活动

中，我要求孩子们自己去思考，学会合作并形成他们自己的答案。我喜欢为孩子们创设有利于创造性思维发展的机会，鼓励其独立思考，让他们自己去分配和掌控时间。我会继续使用这种动手操作式的教学方法。"

"当然"，她还说，"我知道我的教室看起来要比你们教室的声音更高些、环境更乱些，但是家长们都支持我的这种教学方式。我相信6岁的孩子只有通过彼此互动、相互合作才能学得更好。"

　　游戏的探索性已经被多数学者广泛研究（Pellegrini & Perlmutter，1989；O'Neill-Wagner，Bolig & Price，1994；Bolig et al.，1998）。这一特性意味着：游戏是幼儿成长过程中不可或缺的部分，它是孩子们了解周围世界以及发展、锻炼技能的有效方式。童年时代幼儿是否有参与游戏的机会，将对幼儿今后的身心健康及意志品质发展、知识的获得、社会交往及社交技能的获得等产生重要影响（Hampshire Play Policy Forum，2002，1）。游戏和探索行为是年幼的人类和灵长类动物重要的行为特征，在没有情绪压力、有可玩的玩具和物品等类似情境中都可以观察到。游戏之后往往跟随着探索行为，因此为孩子创设可供探索的环境是非常重要的。

　　游戏的生成性和内在性体现在游戏的创造性上，它是开放的、不可预知的、独一无二的，充满了"惊喜"（Salthe，1991）。从孩子的角度出发，游戏的机会将转变为"在自我激励和相互协作的内在奖励，并不需要外部奖励的活动"（Anderson，1998，103）。游戏活动最终带来的是"好玩（fun）"的经验（Anderson，1998）。因此，游戏应该从这样几方面予以界定：它是深入幼儿内心的、生成性的、协作式的，具有动机激励的作用。

　　游戏的发展价值在于，从婴儿期一直到小学阶段，儿童都在不可预知的游戏活动中发展其社会性、认知、语言、身体和创造性。每个阶段的发展，游戏活动都可以在一定程度上预先设计，但要留下空间让儿童去自发地、流动性地生成自己的活动，并允许其中有重复或轮流的活动。学前教育领域专家和政策倡导者的责任在于，为儿童提供合适的环境以保证他们可以达成这些预期行为，并且这些行为是不断进步发展的，正如《汉普郡游戏政策声明》(the Hampshire Blay Policy Statement，2002)中所提到的一样。

总之，游戏政策倡导者对于游戏的定义可以建立在如下特征的基础之上：

● 游戏要求安全的物理和心理环境，以保证儿童的游戏放松、开放、具有探索性。

● 游戏包括探索性行为，允许儿童操作物品、玩具和其他材料。而且这种探索性行为通常要优先于教师所期待的目标行为。

● 游戏是一种重要的生成性的活动，它有助于儿童在社会、认知、语言、身体及创造性等方面的发展。

● 游戏维护着个体的健康发展，同时也维系着社会文化背景，是儿童身处其中的大环境(家庭、社区、社会)的体现。

将游戏和游戏政策联系起来

当代有关游戏政策制定的倡议起源于英国，但是对其进行的系统性研究主要集中于美国及其他国家。科学、有效的游戏政策应该科学地解释究竟什么是游戏，孩子在游戏中真正需要什么、期望什么(Play Link，2001)。但是究竟什么是游戏政策？Play Wales(2002)指出，游戏政策是指一个组织对于目前游戏教学所作的条款式的陈述、说明，及其对于未来变化及发展的展望。有效游戏政策的制定应该包括以下几条重要的标准(Play Link，2001；Play Wales，2002)：

● 游戏的目标及其与游戏相关的服务及活动。
● 考虑游戏的健康安全性以及风险性。
● 游戏政策的制定要考虑到所有儿童的需求(种族差异和发展的多样性)。
● 游戏环境的评价标准。
● 游戏是儿童的文化生活中不可缺失的、内在的重要组成部分。
● 要在普通的环境中为儿童创设、整合游戏机会。

有效游戏政策的制定需要花费时间和坚持不懈地努力。随着时间的推移，游戏政策的实施会不断地在地方、州、全国乃至国际上发挥重要影响，当然，这需要长时间的探索和努力。以下是游戏政策制定的最初目标：

- 促使所有儿童在游戏教学中体验到快乐，获得成长。
- 承认每个儿童都有玩的权利，正如 1989 年《联合国儿童权利公约》中所提及的孩子的权利一样。
- 促使所有的儿童都能在当地社区环境中享有同等质量的游戏环境。（Hampshire Blay Policy Forum 2002）

　　幼儿教育专业人士在参与游戏政策制定的过程中，可以参考以上几种关于游戏和游戏政策的相关定义，提升自身理论素养，认真履行作为一名理论专家应承担的义务。游戏政策发展的必要性在于：利用综合、系统的游戏研究，把游戏更好地融入儿童保育机构、提前开端（Head Start）机构、幼儿园和 K—3（即学前班至三年级）学校中。以下三个重要的研究领域，为以游戏为基础的教学提供了原理性支持。

研究焦点 1：积极游戏活动和身体健康指标的关系

　　为孩子提供科学的、以游戏为基础的学习环境非常必要，特别是需要积极地身体运动的游戏更为重要。由于身体缺乏运动和久坐不动的习惯，肥胖症及其他与体重相关的健康问题比率呈逐年上升趋势。专家指出：垃圾食品的流行、电视媒体的发展、久坐不动的娱乐项目及家庭很少集体进餐等，都会影响孩子的健康问题（American Heart Association，2005）。

　　另外，相关心理健康研究表明：在幼儿期让孩子参加适当的体力活动，有利于降低其焦虑、抑郁及其他行为问题的发生比例（U. S. Department of Health and Human Services，1996）。通过游戏进行的身体活动，可以帮助孩子减缓压力、学会调节感情，获得自控感（Aronson，2002；Sanders，2002）。所以，综合、完整的体育游戏活动应当要求孩子既锻炼身体，又锻炼心智（Larkin，2002）。

缺乏身体运动和健康问题之间的联系

　　自 1970 年以来，在美国及英国，儿童肥胖症比例显著增大，相比以

155

前增长了两倍（Edmunds，Waters & Elliott，2001；Elliott，2002）。甚至一些刚刚出生两三个月的婴儿也被诊断为肥胖儿童。根据美国心脏协会（American Heart Association，2005）的调查数据，肥胖症严重影响着美国孩子的成长，2～5岁儿童中有多于10％的孩子体重超标。肥胖症是引发以下5种生理和心理病症的主要原因：（1）高血压；（2）Ⅱ型糖尿病；（3）冠状动脉心脏疾病；（4）社会排斥；（5）学业失败和辍学（Freedman et al.，2001）。

许多国内外组织对游戏活动的做法都倡导了以游戏为基础的环境创设。例如，在美国，疾病控制和预防中心提前为孩子们设计了预防疾病的健康准则，提倡大家做适量的体力活动，注意营养均衡，保持积极健康的生活方式。由于25％的美国孩子患有肥胖症，61％的成人体重超标（Guo et al.，2002），所以大范围地解决健康问题还是非常困难的。疾病控制和预防中心采用身体质量指标数来预测儿童是否有可能成为成年肥胖症患者（Guo et al.，2002）。提倡身体运动和拥有健康娱乐环境的倡导者们可以将上述指标作为健康参考。另外，应该让更多的人明白，久坐不动的学习环境将严重影响孩子们的健康，孩子的成长需要各种形式的室内、室外游戏活动。

身体运动游戏对健康的益处

在高质量的和低质量的幼儿教育机构，是否有合理的日常活动安排、游戏活动对象、大人与孩子间是否有互动等因素形成了鲜明的对比。例如，高质量的儿童教室包括：（1）有趣的室内活动和积极的、打闹嬉戏的室外活动；（2）利用肢体和感官运动来学习知识；（3）融音乐、运动、创造性表达为一体的综合性活动；（4）大人、孩子间的互动中包含中等强度到高强度的运动。相反，低质量的幼儿教育环境包括：（1）没有关于室内、室外活动的日常活动安排；（2）采用更为消极、久坐不动的学习策略，如看电视、成人主导的教学；（3）肢体和感官运动性质的学习机会极少；（4）不鼓励孩子用体育锻炼、舞蹈、运动等活动来创造性地表达自己。

在小学学习阶段，运动会及体育课活动同样为孩子们提供了游戏的机会。体育运动的支持者指出，体育运动包含许多过去称为游戏的元素。许多公立学校已经开始注意到要为孩子安排严格的定期户外休息时间。研究表明，为孩子安排足够的户外休息时间理由很多。例如，有利于促进孩子社交技能的发展，从课堂学习任务中走出来可以为孩子提供更多

审视自我活动的时间，有利于其身体健康发展，避免肥胖和久坐不动的
生活方式。

- 游戏倡导者可以用下列几条事实来说明游戏的益处：
- 通过抓握、爬行、跑步、爬山、跳绳和训练平衡等形式实现大
肌肉发展。
- 精细动作技能的发展和手眼协调是孩子在游戏中需要达成的
目标。
- 通过日常身体运动促进身体代谢和能量的消耗。
- 避免肥胖症和与心脏有关的并发症问题。
- 帮助孩子减缓压力。
- 帮助孩子享受成功的喜悦，增强自信和社会能力。（Piaget，
1962；Piaget & Inhelder，1969）

本领域的研究表明，身体运动和游戏活动对所有儿童来说具有重要
而紧迫的意义。教师、家长、管理者在发展和践行游戏政策的过程中，
应该将健康放在最重要的位置。还有什么可以比孩子的健康更重要呢？

研究焦点 2：脑研究——游戏和认知及身体发展之间的重要关系

研究表明，3 岁之前的儿童是否拥有早期学习经验刺激，会带来大
脑细胞在数量和质量上的可观差异。随着儿童不断成长进步，他们的游
戏行为更为复杂和抽象（Piaget，1962；Johnson，Christie & Yawkey，
1987）。最近，和脑成熟相关的研究清晰地表明了活动、认知游戏在儿童
发展过程中的重要性。

如今，脑成像技术的研究成果在公共政策的制定中扮演着越来越重
要的角色。孩子在游戏中不断解决问题，获得思想碰撞，获得与人交流
的机会，这些都有助于其认知技能的发展。孩子认知技能的发展开始于
婴儿时期——例如，当一个婴儿第一次摇晃拨浪鼓时，会惊奇地发现拨
浪鼓竟然可以发出声音，与此同时，他会对拨浪鼓发出的声音作出反应。
在整个童年，拥有刺激性的游戏环境有助于孩子向更高水平迈进，获得
进步。在孩子的早期生活中，功能性磁共振图像（fMRI）、正电子发射断

层扫描工具(PET)及其他脑指标扫描工具会在第一时间为大家提供有关人脑变化和发展的有意义的见解(Zwillich，2001)。

神经科学专家指出，在新的学习中建立的脑神经联结只有在使用中才能增强，反之则会消退(Morrison，2004)。然而，我们需要注意的是：不能以脑研究获得的结论为根据，为早年大脑看起来不"正常"的孩子贴标签。诸多脑研究的共识在于，早期儿童需要：(1)身体运动；(2)有利于发展大精细动作技能的实践活动；(3)促进手眼协调活动的机会；(4)刺激知觉和听觉发展的环境；(5)家庭、幼儿园能够拥有一致的生活常规。

案例：教师向校长助理捍卫学习中心

海明杰先生，学前班教师，以全班第一名的成绩获得了学前教育本科学位。他带的是5岁儿童班，他的热情、渴望了解新的教学方法的学习激情、工作中的乐观与积极给大家留下了深刻的印象。

海明杰先生提倡高度互动、孩子亲身实践的学习方法，他的课堂以高度的创造性表达、高水平的家长参与、有利于孩子积极参与观察事物的良好学习环境而著名。这个教室包括5个学习中心，为儿童提供小团体合作学习的机会以及高水平的由儿童自主学习的小组。

海明杰先生以国家和地方的学校课程标准为指引，遵循其教育目标和评估程序。他运用不同的评估策略，包括观察、抽样、档案分析(portfolios)以及定期测验。在第一次教师工作评估中，校长助理询问他关于学习中心教学方法的事情。"这些教学方法难道不是针对4岁以前孩子的吗？有其他教师抱怨说，你的班级里的声音太高了。难道孩子们不能坐下来，以默读的形式完成任务吗？毕竟，他们要接受标准化测验的。"

海明杰先生解释说，他安排的所有活动都设置了具体的教学目标和预期的学习结果。他指出，积极的探索性强的学习应该是幼儿的主要学习方式。他对自己的教学方法很自信，不担心春季学期测试。"只要孩子们在学习，并且能感受到乐趣，沉浸于每天有计划的日常活动中，自己提出假设的机会并去实施探索，与同伴相互合作，这一切要比他们坐到座位上学到的知识多得多，并且更有意义。"

"好吧，我们看看今年的情况。我会留意你们班上的噪声水平，等四月份测验时看看你们班的孩子们表现得如何。"

研究焦点 3：游戏、早期识字和社会能力之间的联系

关于游戏的研究以及游戏与社会能力、语言发展的关系研究已经有很多年了（for example，Parten，1932）。目前关于早期读写能力发展的研究取得了一定成绩，结果表明：是否参与积极的社会游戏会直接影响儿童早期语言和识字能力的发展（Neuman & Roskos，1993；Owocki，1999；Morrow，2001）。社会技能通常是在游戏经验中获得的，例如，孩子在和别人早期的简单接触中学习合作，逐渐明白轮流交换等游戏规则。社会技巧、口头语言发展和角色游戏之间同样也存在着紧密联系。在同年龄的儿童中，被赋予更多游戏的机会的儿童，会更有利于其认识社会、扩展视野，促进语言多样性发展（Roskos et al.，1995）。

社会游戏、语言和早期读写能力之间的关系

幼儿早期读写能力的发展日益成为幼儿教育、早期学校和其他早期学习机构中的教学重点（Neuman & Roskos，1993）。多项研究表明：社会游戏在儿童早期语言及之后的读写能力发展中发挥着重要作用（Strickland & Strickland，1997；Christie，1998；Owocki，1999；Morrow，2001；International Reading Association，2002）。一些研究早期幼儿读写的专家（Neuman & Roskos，1993；Goldhaber et al.，1996；Morrow，1997；Strickland & Strickland，1997；Christie，1998；Morrow，2001）指出：亲自动手操作探索的实践方式、社会参与性的早期识字经验在幼儿的早期识字准备和前阅读技能发展中发挥着重要作用。尽管并不是正式的"阅读"，但是儿童对文字与意义的关系的理解，被视为更高的阅读技能发展的前提（Mason，1980；Goodman，1986）。

游戏倡导者提出了"材料介入策略"，即为儿童设置和他们家里或社区里的文字环境相类似的游戏区域（Christie，1998）。由于不是所有家庭都可以为孩子提供同等条件丰富的读写环境，所以早期教育机构能为其提供类似于这样的游戏环境，为孩子创造有利于提升其读写技能的平等机会，显得非常重要。如果我们能尽力为孩子们创造这种风格的活动，并为其准备足够的材料，孩子是非常喜欢参与到这种类型的识字活动中去的（Morrow & Rand，1991；Vukelich，1991；Christie & Enz，1992）。

研究表明：在早期教育中，为孩子设置以下以游戏为基础的活动有利于促进孩子的社会认知和早期读写能力的发展。

● 识字道具的使用——木偶、毛绒动物、戏剧、书籍、标志、各种风格的纸。成人越来越重视儿童的文字意识(print awareness)、口语表达能力、社会交往能力的发展(Christie Enz, 1992;Neuman Roskos, 1992;Goldhaber et al., 1996)。在传统游戏区域(如积木、拼图和手工材料、角色游戏、自然科学区域)之外设置学习中心,放上一些适宜的书籍和写作工具,能使儿童早期识字经验在质量上和数量上都得到显著提升。在一项研究(Neuman & Roskos, 1993)中,提前开端计划教育机构中的老师在班级中设立了一个"办公室"游戏区后,孩子们(98%的非裔和2%的西班牙裔)选择图书、阅读和书写材料的活动明显增多了。

● 艺术活动课程的整合(如绘画、手指画活动)有利于促进幼儿的文字意识和书写技能的提升(Morrow, 2001)。视觉艺术是立竿见影的,不具有计划性、目标导向性(Johnson, 1998)。孩子们学着发明他们自己的文字,描绘字母表中的字母,通过绘画的形式描绘想象中的世界。

● 强调环境中的文字(如积木上、学习中心里、学习材料上的标签)在幼儿早期识字发展方面具有重要的作用。环境中丰富的文字有利于帮助孩子增强字母意识,理解文字具有意义,学习新的单词(Morrow, 2001)。

● 在每天的活动中,组织诗歌、歌曲、圣歌、故事、大图书共读等形式的活动,有助于鼓励孩子们去分享自己的感受,学习字母的发音(音素意识),通过和成年人及伙伴不断的重复交流,开始学习书面语言。以上这些活动对于那些无法在家庭中获得丰富的口语表达机会、缺乏故事环境的孩子来讲非常重要(Morrow, 2001;Stegelin, 2002)。

● 教师应该为孩子们提供丰富充足的游戏活动,并要对儿童的文化背景和个体发展特征保持敏感性,为其提供真正有意义的以游戏为基础的文字学习材料。

简言之,游戏政策倡导者们能够找到非常多的研究,证明以游戏为基础的早期阅读经验对儿童在语言和识字方面的发展具有积极的效果。

案例：与家长探讨读写教学方法

拉奎斯特女士，是一家退伍兵子女幼教机构的主任，该机构有100多个孩子，提供综合性的服务。她拥有教育管理硕士学位以及儿童发展教育学士学位。她的工作井井有条，注重细节，关注儿童早期健康发展，与儿童家庭保持着紧密的联系，有着卓越的工作能力。

今天，正当她准备接收4岁的玛利亚进入幼儿园时，玛利亚的父母问了她关于"阅读教学方法"的问题。这让拉奎斯特女士感到有些意外，她耐心地倾听了他们的问题，并请他们说明自己所担心的是什么。

"好的，我们希望玛利亚进学前班之前能识字和阅读。我们希望她能够超越其他孩子，为较高的学术工作做准备。你们幼儿园现在有系统的阅读课程吗？"

拉奎斯特女士解释说她们采用的是国家认可的幼儿教育课程，目标在于促进孩子多方面的发展，其中包含语言发展。

"我们采用以游戏为基础、以幼儿为中心的教学方法，关注的是儿童的自主性和独立性。"拉奎斯特女士说，"为了促进孩子在语言能力方面的发展，我们有专门的读写中心，里面有很多书，我们鼓励孩子至少用6种不同的学习方法去探索读写活动。在教学中，我们会讲故事、阅读不同类型的书籍和文字材料、关注孩子音素意识的提升。但是我们不会为了阅读而阅读。我们相信，在幼儿园学习阶段帮助孩子喜欢上读书并能获得自信，对早期阅读经验非常重要。如果您需要观察一下教室情况或者是想和老师进行交流，那么欢迎您在送孩子到幼儿园之前随时光临。"

家长在观察了教室之后，决定把孩子送往这里学习。同时，他们也强调他们将时刻关注孩子在前阅读技能方面的进步。

关于游戏和社会能力发展之间的关系研究

许多研究表明：与他人游戏有利于儿童社会能力的发展，从而直接影响着儿童能否在学校中取得成功。实际上，研究表明：如果孩子在6岁前不能达到基本的社会技能水平，那么在青少年期和成年期将面临社会交往方面的困难（McClellan & Katz，2001）。另外一些研究（Hartup & Moore，1990；Ladd & Profilet，1996)指出：儿童长期的社会情感适应、认知发展、整体素质的提升等，取决于童年时期是否拥有社会能力发展的机会。

儿童专家和游戏倡导者应当能够描述在游戏和儿童社会性发展之间的重要联系。另外，我们还可以找出许多具体的研究，证明游戏对儿童社会交往能力发展的影响。例如，对角色游戏的研究（Piaget，1962；Fein，1981；Smilansky，1990；Nourot，1998)表明：参与角色游戏和表演类活动有利于加深幼儿对周围世界的认识，获得更多想象的机会。社会性游戏能够让幼儿逐步体会他人的视角，有更多机会去和他人协商妥协，并学习如何坚定自己的信仰和意志(Nourot，1998)。

费比斯（Fabes）和同事（2003）研究了幼儿与同性别的同伴互动对其早期学校适应情况的影响。通过对 98 名幼儿（年龄中位数 54.77 个月）的观察，他们发现在游戏互动情况和社会适应的关系上，男孩与女孩存在不同的模式。该研究进行了后续跟踪，以更加具体地考查游戏活动中的性别差异。这些研究表明同伴在游戏情境中的非正式互动促进了社会能力，而这些社会能力对于学习和发展来说都是必需的。

总　结

我们都可以成为游戏的倡导者，在不同领域的工作中发光发热，在游戏政策的制定中贡献自己的力量，包括幼儿教育中心、提前开端计划教育机构、公立学校幼儿园以及小学等。希望在游戏政策的制定中发挥积极作用的幼教专家，可以提出更多证明游戏价值的研究结果。在如下各个领域，游戏都具有明确的积极价值：

● 身体和心智方面的研究表明：严格的、积极的体育游戏活动，与肥胖症、心脏问题、慢性压力问题等的降低具有直接关系。

● 认知能力能通过积极的、探索性强的游戏得到充分的发展。脑电图研究表明：在幼儿时代，经常进行积极的，带有刺激性、探索性的游戏，有利于幼儿大脑的发展。

● 幼儿语言和早期读写能力的发展，会得益于丰富的文字环境，积极、互惠、系统的同伴互动，成人利用图书、书写活动、操作材料、故事分享活动等方式提供的支持。

● 社会能力主要在 6 岁之前获得发展，这种能力在同伴间的社会戏剧游戏、角色游戏、小组互动、与负责的成年人以及同龄人的相互接触及日常生活常规当中能够获取最多的营养。

如果我们可以引用相关的研究成果，就能充分地证实游戏在早期教育中的重要性。以游戏为基础的教学策略和环境，已经成为谈论的一个中心议题。如今，很多力量阻碍着游戏教学的发展，而一味强调幼儿早期年龄阶段所应掌握的学术知识要求、标准化的测试、一系列的问责要求，还提出小学课堂的时间安排以及儿童安全问题作为反对游戏教学的理由。作为早期幼儿教育专家，我们应该积极倡导游戏教学，在游戏政策制定中做好宣传者的角色。家长、教师以及管理者要作为儿童的代表，为儿童对游戏的需求奔走呼喊。

参考资料

American Heart Association. 2005. *Heart disease and stroke statistics—2005 update*. Dallas, Tex.：Author. Online：www. americanheart. org/downloadable/heart/1103829139928HDSStats2005Update. pdf.

Anderson, M. 1998. *The meaning of play as a human experience*. In Play from birth to twelve and beyond, eds. D. Fromberg & D. Bergen, 103-08. New York：Garland.

Aronson, S. S. , ed. , comp. with P. Spahr. 2002. *Healthy young children：A manual for programs*. 4th ed. Washington, D. C. ：NAEYC.

Bolig, R. , C. S. Price, P. L. O'Neill-Wagner & S. J. Suomi. 1998. *Reactivity and play and exploration behaviors of young Rhesus monkeys*. In Play and culture studies, Vol. 1, ed. S. Reifel, 165-77. Greenwich, Conn. ：Ablex.

Christie, J. , & F. Wardle. 1992. *How much time is needed for play?* Young Children 47 (3)：28-32.

Christie, J. F. 1998. *Play as a medium for literacy development*. In Play from birth to twelve and beyond, eds. D. Fromberg & D. Bergen, 50-55. New York：Garland.

Christie, J. F., & B. Enz. 1992. *The effects of literacy play interventions on preschoolers' play patterns and literacy development*. Early Education and Development 3: 205-20.

Edmunds, L., E. Waters, & E. Elliott. 2001. *Evidence-based management of childhood obesity: Evidence-based pediatrics*. British Medical Journal 323 (7318): 916-19.

Elliott, V. 2002. *Adult options for childhood obesity? Doctors say the high number of extremely overweight young people is serious enough to consider radical interventions*. American Medical News 45 (20): 27.

Fabes, R. A., C. L. Martin, L. D. Hanish, M. C. Anders, & D. A. Madden-Derdich. 2003. *Early school competence: The roles of sex-segregated play and effortful control*. Developmental Psychology 39 (5): 848-59.

Fein, G. G. 1981. *Pretend play in childhood: An integrative review*. Child Development 52: 1095-1118.

Freedman, D., L. Khan, W. Dietz, S. Srivinasian, & G. S. Berenson. 2001. *Relationship of childhood obesity to coronary heart disease risk factors in adulthood*. Pediatric 108 (3):712.

Frost, J. L., S. C. Wortham, & S. Reifel. 2001. *Play and child development*. Columbus, Ohio: Merrill/Prentice-Hall.

Goldhaber, J., M. Lipson, S. Sortino, & P. Daniels. 1996. *Books in the sand box? Markers in the blocks? Expanding the child's world of literacy*. Childhood Education 73 (2): 88-92.

Goodman, Y. 1986. *Children coming to know literacy*. In Emergent literacy, eds. W. Teale & E. Sulzby, 1-14. Norwood, N. J.: Ablex.

Guo, S. S., W. Wu, W. C. Chulea, & A. F. Roche. 2002. *Predicting overweight and obesity in adulthood from body mass index volume in childhood and adolescence*. Journal of Clinical Nutrition 76 (3): 653-56.

Hampshire Play Policy Forum. 2002. *Hampshire play policy position statement*. Online: www. hants. gov. uk/childcare/playpolicy. html.

Hartup, W. W., & S. G. Moore. 1990. *Early peer relations: Developmental significance and prognostic implications*. Early Childhood Research Quarterly 5 (1): 1-18.

International Reading Association. 2002. *What is evidence-based reading instruction? Reading standards statement.* Online: www. reading. org/advocacy/standards.

Jarrett, O. S. 2002. *Recess in elementary school: What does the research say?* ERIC Digest EDO-PS-02-5.

Johnson, H. A. 1998. *Play in the visual arts: One photographer's way-ofworking.* In Play from birth to twelve and beyond, eds. D. Fromberg & D. Bergen, 435-41. New York: Garland.

Johnson, J. , J. Christie, & T. Yawkey. 1987. *Play and early childhood development.* Glenview, Ill. : Scott, Foresman.

Ladd, G. W. , & S. M. Profilet. 1996. *The Child Behavior Scale: A teacher report measure of young children's aggressive, withdrawn, and prosocial behaviors.* Developmental Psychology 32 (6): 1008-24.

Larkin, M. 2002. *Defusing the "time bomb" of childhood obesity.* The Lancet 359: (9310): 987.

Mason, J. 1980. *When do children begin to read?: An exploration of fouryear- old children's word reading competencies.* Reading Research Quarterly 15: 203-27.

McClellan, D. E. , & L. G. Katz. 2001. *Assessing young children's social competence.* ERIC Digest EDO-PS-01-2.

Morrison, G. M. 2004. *Early childhood education today.* 9th ed. Columbus, Ohio: Merrill/Prentice-Hall.

Morrow, L. M. 1997. *The literacy center.* York, Maine: Stenhouse.

Morrow, L. M. 2001. *Literacy development in the early years.* 4th ed. Boston: Allyn & Bacon.

Morrow, L. M. , & M. K. Rand. 1991. *Preparing the classroom environment to promote literacy during play.* In Play and early literacy development, ed. J. F. Christie, 141-65. Albany: State University of New York.

Neuman, S. B. , & K. Roskos. 1991. *Peers as literacy informants: A description of young children's literacy conversations in play.* Early

Childhood Research Quarterly 6: 233-48.

Neuman, S. B., & K. Roskos. 1992. *Literacy objects as cultural tools: Effects on children's literacy behaviors in play.* Reading Research Quarterly 27: 202-25.

Neuman, S., & K. Roskos. 1993. *Access to print for children of poverty: Differential effects of adult mediation and literacy-enriched play settings on environmental and functional print tasks.* American Educational Research Journal 30 (1): 95-122.

Nourot, P. M. 1998. *Sociodramatic play—Pretending together.* In Play from birth to twelve and beyond, eds. D. Fromberg & D. Bergen, 378-91. New York: Garland.

O'Neill-Wagner, P. L., R. Bolig, & C. S. Price. 1994. *Do play activity levels tell us something of psychosocial welfare in captive monkey groups?* Communication and Cognition 27: 261-72.

Owocki, G. 1999. *Literacy through play.* Portsmouth, N. H.: Heinemann.

Parten, M. 1932. *Social participation among preschool children.* Journal of Abnormal and Social Psychology 27: 243-69.

Pelligrini, A. D., & D. F. Bjorklund. 1996. *The place of recess in school: Issues in the role of recess in children's education and development.* Journal of Research in Childhood Education 11: 5-13.

Pelligrini, A., & M. Perlmutter. 1989. *Classroom contextual effects of children's play.* Child Development 25: 289-96.

Piaget, J. 1962. *Play, dreams, and imitation in childhood.* New York: Norton.

Piaget, J., & B. Inhelder. 1969. *The psychology of the child.* New York: Basic.

PLAYLINK. 2001. *Articulating play policy.* London, UK: Author.

PlayWales. 2002. *Defining play policy.* Cardiff, UK: Author.

Rivkin, M. S. 2000. *Outdoor experiences for young children.* ERIC Digest EDO-RC-007.

Roskos, K., J. Vukelich, B. Christie, B. Enz, & S. Neuman. 1995.

Linking literacy and play. Newark, Del. : International Reading Association.

Salthe, S. N. 1991. *Development and evolution: Complexity and change in biological systems*. Cambridge, Mass. : MIT Press.

Sanders, S. W. 2002. *Active for life: Developmentally appropriate movement programs for young children*. Washington, D. C. : NAEYC.

Smilansky, S. 1990. *Sociodramatic play: Its relevance to behavior and achievement in school*. In Children's play and learning: Perspectives and policy implications, eds. E. Klugman & S. Smilansky, 18-42. New York: Teachers College Press.

Stegelin, D. A. 2002a. *Early literacy education: First steps toward dropout prevention*. Clemson, S. C. : National Dropout Prevention Center, Clemson University.

Stegelin, D. A. 2002b. *Play policy: A survey of online and professional literature*. Unpublished paper presented to the Play, Policy, and Practice Forum, NAEYC Annual Conference, Nov. 20-23, New York, N. Y.

Strickland, D. , & M. Strickland. 1997. *Language and literacy: The poetry connection*. Language Arts 74 (3): 201-05.

U. S. Department of Health and Human Services. 1996. *Physical activity and health: A report of the Surgeon General*. Atlanta, Ga. : Author, Centers for Disease Control and Prevention.

Vukelich, C. 1991. *Learning about the functions of writing: The effects of three play settings on children's interventions and development of knowledge about writing*. Unpublished paper presented at the National Reading Conference, December, Palm Springs, Calif.

Zwillich, T. 2001. *Brain scan technology poised to play policy*. Online: www. loni. ucla. edu/~thompson/MEDIA/RH/rh. html.